AI
포토샵
테크닉

유은진, 이미정, 앤미디어 지음

BM (주)도서출판 성안당

포토샵 CC부터 어도비 센세이 AI 기능이 접목되면서 최신 포토샵 베타 앱에는 마치 챗GPT처럼 프롬프트 창을 제공하고 있습니다. 필요한 이미지는 작성된 문장이나 단어를 입력하면 자연스럽게 합성할 수 있는 이미지 생성 단계까지 이르렀습니다. 물론 다른 AI 이미지 생성 프로그램도 있지만, 포토샵 AI는 이미지를 여는 순간부터 빛 방향과 색감, 형태를 인식하여 합성 가능한 이미지를 다양한 형태로 제시합니다.

이러한 포토샵 기능은 디자이너의 작업 패턴을 바꾸고 있습니다. 이제 일러스트레이터를 이용한 복잡한 이미지 제작 작업은 시간 낭비일 수 있습니다. 단 한 줄의 문장으로 이미지 생성이 가능하게 되었고, 마음에 들 때까지 포토샵 AI 기능은 끊임없이 결과물을 합성된 결과물을 제시할 것입니다. 미드저니와 결합하여 디자인 작업을 하면 이미지 화풍부터 스타일, 3D 디자인까지 원하는 형태의 이미지 제작과 합성이 가능합니다.

본서는 이렇게 빠른 속도로 진화하는 포토샵의 AI 기능을 쉽게 배우고, 실무에 적용하는 방법을 제시합니다. 막연하게 포토샵 AI 기능의 재미와 신기함에 머무르지 않고, 내가 작업하는 디자인 과정에 어떻게 현실적으로 적용할지에 대한 방향을 실무 예제를 통해 배울 수 있을 것입니다. 물론 AI 기능으로 인해 작업 과정은 단순화되겠지만, 창의적인 디자인 컨셉과 더불어 AI 협업으로 인해 더 높은 퀄리티의 결과물을 생성해야 하는 디자이너의 역할은 더 중요해졌습니다.

포토샵 AI가 제시하는 무제한의 시안을 선택하는 디자이너의 안목뿐만 아니라 원하는 이미지를 생성할 수 있는 프롬프트 입력의 스킬도 필요합니다. 지금까지 포토샵은 어도비 일러스트레이터의 약자인 'Ai'와의 협업으로 디자인되었다면, 계속 진화되고 있는 포토샵은 인공지능 'AI'와 협업하여 뛰어난 디자인 결과물을 생성할 수 있을 것입니다. 변화하는 디자인 기능과 도구에 맞게 포토샵 AI 기능과 부족한 부분은 미드저니를 이용하여 멋진 디자인 결과물을 제작해 보세요. 내 옆에서 도와주는 서브 디자이너를 얻을 수 있을 것입니다.

이 책이 나오기까지 도움을 주신 최옥현 전무님과 김상민 팀장님, 편집 진행을 담당한 앤미디어 김민혜, 박기은, 유선호, 최소영 님, 원고 선별과 집필로 고생하신 이미정, 유은진 교수님, 도움을 주신 선병일 교수님과 문수민 교수님, 김연미 학생에게 감사를 드립니다.

앤미디어

이 책의 예제 미리 보기

새롭게 선보이는 포토샵 AI 기능과 미드저니의 협업! 디자인 작업 패턴을 학습하면서 실무 디자인 예제를 제작해 보세요.

42쪽 예제

20쪽 예제

81쪽 예제

54쪽 예제

68쪽 예제

95쪽 예제

85쪽 예제

74쪽 예제

60쪽 예제

90쪽 예제

134쪽 예제

104쪽 예제

164쪽 예제

186쪽 예제

240쪽 예제

302쪽 예제

276쪽 예제

302쪽 예제

342쪽 예제

이 책의 구성

빠르고 쉽게 최신 포토샵의 AI 기능을 이용한 디자인 방법과 미드저니를 실무에 활용할 수 있도록 체계적인 구성을 제공하고 있습니다.

❶ 이론 구성

포토샵을 제대로 사용하기 위한 기능부터 사용 방법을 이론으로 구성하였습니다.

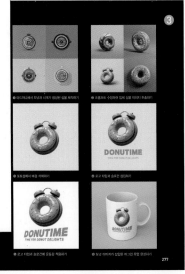

❷ 결과 미리 보기

포토샵과 미드저니를 이용하여 제작한 결과물을 미리 볼 수 있습니다.

❸ 작업 과정 확인하기

포토샵 또는 미드저니의 명령이나 옵션 적용 순서 등 작업 과정을 배열하여 표시합니다.

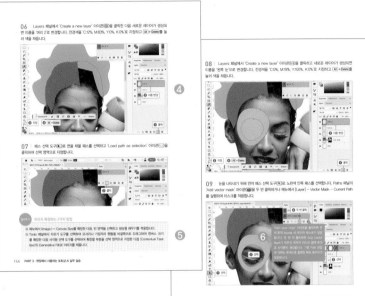

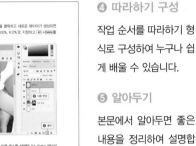

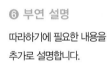

❹ 따라하기 구성

작업 순서를 따라하기 형식으로 구성하여 누구나 쉽게 배울 수 있습니다.

❺ 알아두기

본문에서 알아두면 좋은 내용을 정리하여 설명합니다.

❻ 부연 설명

따라하기에 필요한 내용을 추가로 설명합니다.

❼ 실무 디자인 예제

포토샵과 미드저니를 이용한 실무 디자인 예제를 제공합니다.

9

목차

PART

03

필수 예제로 배운다! 현장에서 사용하는 포토샵 AI 실무 실습

일러스트레이터? 이젠 AI로 그린다! 포토샵과 미드저니로 실무 디자인하기

PART

1

챗GPT 닮아가는 포토샵!

쉽고 빠르게
포토샵 AI 배우기

포토샵에도 챗GPT처럼 프롬프트 창을 이용하여 이미지를 생성하거나 합성할 수 있습니다. 최신 AI 기능을 장착한 포토샵 설치부터 인터페이스, Contextual Task Bar(콘텍튜얼 테스크 바) 도구로 원하는 텍스트를 입력하여 이미지를 생성하는 과정까지 포토샵 AI 기능에 대해 알아봅니다.

프롬프트 입력으로 이미지 생성과
합성이 가능한 포토샵 AI

SECTION 01

인공지능형 포토샵은 기존의 어려운 드로잉 또는 합성 작업을 위해 레이어와 채널을 이용한 수학 공식과 같은 복잡한 작업 방식이 필요하지 않습니다. 이러한 기술의 발전으로, 이미지 생성 및 편집 작업에는 이제 작업자의 창의력과 선택의 안목이 더욱 중요해졌습니다. 새로운 인공지능 기술을 활용한 포토샵은 사용자가 이미지를 생성하고 편집할 때 도움을 주는 강력한 도구가 되었습니다. 예전에는 그림을 그리는 데 많은 시간과 노력이 필요했지만, 이제는 인공지능 포토샵이 이를 대신하여 빠르고 정확한 결과물을 제공할 것입니다.

전통적인 포토샵 작업 과정의 변화

포토샵 AI 기능의 발전은 작업자가 자신의 창의력을 펼칠 수 있는 환경을 조성한다는 것을 의미합니다. 작업자는 포토샵을 사용하여 다양한 아이디어를 시도하고 실험할 수 있으며, 자유롭게 이미지를 조합하고 변형할 수 있습니다. 또한, 인공지능이 작업자의 의도를 파악하고 그에 맞는 제안을 하기 때문에 선택의 안목이 매우 중요해졌습니다.

이제는 포토샵을 사용하는 사람의 창의력과 작업물에 대한 선택 능력이 이미지 작업의 결과물을 좌우하는 중요한 요소가 되었습니다. 작업자는 자신만의 독특한 아이디어와 시각을 통해 다른 사람들에게 독보적인 작품을 선보일 수 있습니다. 인공지능은 작업자의 아이디어를 지원하고 보완하기 위한 도구로 사용되며, 함께 협력해 더욱 풍부하고 창의적인 결과물을 만들어 낼 수 있습니다. 인공지능형 포토샵의 등장은 디자인과 예술 분야에서 창의적인 작업을 수행하는 데 많은 도움을 주고 있습니다. 더 이상 어려운 기술적인 작업에 시간을 낭비하지 않고, 작업자는 자신의 창의력을 발휘하여 더욱 창조적이고 풍부한 작품을 만들어 낼 수 있을 것입니다.

◆ 소방 분야

강좌명	수강료	학습일	강사
소방기술사 1차 대비반	620,000원	365일	유창별
[쌍기사 평생연장반] 소방설비기사 전기 x 기계 동시 대비	549,000원	합격할 때까지	공하성
소방설비기사 필기+실기+기출문제풀이	370,000원	170일	공하성
소방설비기사 필기	180,000원	100일	공하성
소방설비기사 실기 이론+기출문제풀이	280,000원	180일	공하성
소방설비산업기사 필기+실기	280,000원	130일	공하성
소방설비산업기사 필기	130,000원	100일	공하성
소방설비산업기사 실기+기출문제풀이	200,000원	100일	공하성
소방시설관리사 1차+2차 대비 평생연장반	850,000원	합격할 때까지	공하성
소방공무원 소방관계법규 문제풀이	89,000원	60일	공하성
화재감식평가기사·산업기사	240,000원	120일	김인

◆ 위험물 · 화학 분야

강좌명	수강료	학습일	강사
위험물기능장 필기+실기	280,000원	180일	현성호,박병
위험물산업기사 필기+실기	245,000원	150일	박수경
위험물산업기사 필기+실기[대학생 패스]	270,000원	최대4년	현성호
위험물산업기사 필기+실기+과년도	350,000원	180일	현성호
위험물기능사 필기+실기[프리패스]	270,000원	365일	현성호
화학분석기사 필기+실기 1트 완성반	310,000원	240일	박수경
화학분석기사 실기(필답형+작업형)	200,000원	60일	박수경
화학분석기능사 실기(필답형+작업형)	80,000원	60일	박수경

포토샵의 생성형 AI는 간단한 단어나 설명만으로 놀라운 결과를 얻을 수 있는 AI 기술 중 하나입니다. 현재 AI 이미지 및 아트 생성 분야에 관심이 집중되고 있지만, 텍스트 프롬프트에서 단순히 이미지를 생성하는 작업 외에도 더 많은 용도로 활용될 수 있습니다. 브러시, 벡터, 텍스처 등 콘텐츠의 기초가 되는 '크리에이티브 구성 요소'를 생성할 때도 유용하기 때문입니다. 이러한 포토샵 생성형 AI는 다른 AI 유형과 마찬가지로 머신러닝 모델과 대규모 데이터 세트를 사용하여 원하는 결과를 제공하며, 수많은 이미지를 통해 학습되어 패턴을 학습하고, 데이터를 기반으로 자연스럽고 새로운 이미지를 만들어 나갈 것입니다.

포토샵 기능 테크닉은 이제 디자이너만의 전유물이 아닙니다. 그림을 잘 그리지 못하거나 복잡한 합성 방법을 모르는 일반인도 손쉽게 포토샵 작업이 가능해졌습니다. AI 기능은 점차 작업자 역할을 대신해서 복잡한 일들을 연산하여 처리할 것입니다.

모르는 포토샵 기능이 있다면 포토샵의 Learn 기능을 이용하여 예제 소스를 다운로드해 포토샵에 불러들인 다음 동영상을 재생시켜 그대로 따라 해 보세요. 포토샵 매뉴얼 서적보다 더 쉽게 기능을 학습할 수 있을 것입니다. 포토샵 기능은 디자이너들만의 비법이 아니며, 포토샵 사용자라면 AI가 추구하는 도구와 정보의 평등화를 통해 멋진 이미지를 손쉽게 만들 수 있습니다.

AI 기능으로 요트와 하늘 배경을 합성한 이미지

포토샵 기능을 포토샵 자체에서 배울 수 있으며, 소스 파일을 다운로드하여 강의 영상을 따라 학습할 수 있습니다.

❶ 포토샵 홈 화면에서 〔Learn〕 버튼을 클릭하여 배우려는 기능 선택

❷ 동영상 학습에 필요한 파일을 다운로드하여 열기

❸ 동영상을 따라 하면서 기능을 배우고, 응용하여 포토샵 연습

❹ 다양한 AI 기능으로 창의적인 나만의 작업 결과물 제작

프롬프트 창에서
이미지 생성하기

SECTION 02

새롭게 선보이는 포토샵 AI은 최신 기술을 적용하여 영문 텍스트로 프롬프트를 입력하는 방식의 이미지 생성 기능과 작업자의 작업 과정을 예측하여 필요한 도구를 미리 제공하는 〔Contextual Task Bar(콘텍튜얼 테스크 바)〕를 제공합니다. 여기서 제공하는 〔Generative Fill〕 기능은 한국어로 '생성형 채우기' 기능이라고도 합니다. 이 기능은 포토샵 작업 시 필요한 이미지 소스의 검색과 구입, 이미지 합성 작업 등을 효율적으로 처리할 수 있는 AI 기능을 제공합니다. 또한, 포토샵으로 이미지 파일을 불러오면 AI는 자동으로 이미지를 분석하여 피사체와 배경을 인식하고, 작업자의 작업 과정을 예측하여 필요한 도구를 〔Contextual Task Bar〕에 제안합니다. 이를 통해 사용자는 순차적으로 필요한 도구를 선택하여 원하는 포토샵 작업을 쉽고 빠르게 처리할 수 있습니다.

프롬프트 입력 방법으로 이미지 생성하기

〔Contextual Task Bar(콘텍튜얼 테스크 바)〕에서 제공하는 〔Generative Fill〕 기능은 AI 기반의 이미지 생성형 패널로, 프롬프트 창에 텍스트를 입력하여 이미지를 생성, 합성 및 확장할 수 있는 기능입니다. 사용자는 선택 도구를 사용하여 생성하려는 이미지의 위치와 크기를 지정하면 몇 초 만에 선택된 영역을 기반으로 사실적인 이미지를 생성합니다.

이때 생성된 이미지는 원본 이미지의 빛과 조명의 방향, 색감 등을 고려하여 최적의 형태로 조정되므로 자연스러운 합성 효과를 얻을 수 있습니다. 이는 실무에서도 뛰어난 작업 결과물을 얻을 수 있게 하며, 사용자들은 디자인 작업이나 창작 과정에서 도움을 받을 수 있습니다. 즉, 〔Generative Fill〕 기능을 통해 창의성과 효율성을 결합하여 원하는 이미지를 손쉽게 만들어 낼 수 있습니다.

생성된 이미지는 원본 이미지의 빛과 조명의 방향, 색감 등을 고려하여 최적의 형태로 조정되므로 자연스러운 합성 효과를 얻을 수 있습니다. 이는 실무에서도 뛰어난 작업 결과물을 얻을 수 있게 하며, 사용자들은 디자인 작업이나 창작 과정에서 도움을 받을 수 있습니다. 즉, 〔Generative Fill〕 기능을 통해 창의성과 효율성을 결합해 원하는 이미지를 손쉽게 만들어 낼 수 있습니다.

다음의 예시를 보면 부분적인 인물 얼굴과 배경의 세로 이미지를 볼 수 있습니다. 이 원본 이미지를 이용해 모자 쓴 인물이 붓으로 그림 그리는 장면을 포토샵 AI 기능으로 완성할 수 있습니다. 인물의 얼굴과 의상, 잘려진 꽃 그림을 포토샵이 추론하여 같은 스타일의 배경을 생성하고, 인물의 성별과 피부색을 인식하여 가상의 손과 팔을 자연스럽게 합성합니다. 프롬프트를 입력받아 이미지가 생성되면 Generative Layer 이름의 새로운 레이어가 자동으로 만들어 집니다.

◎ **예제 파일** : flower.jpg
◎ **완성 파일** : flower_완성.jpg

❶ 세로 형태의 원본 이미지

**❷ 영역을 확장한 다음 AI 기능
으로 배경 이미지 복원**

이미지 확장 및 복원은 입력
없이 (Generate) 클릭

원본 이미지에 잘려져 있거나 남아
있는 배경 요소를 추론하여 생성된
영역에 배경 이미지를 새롭게 만들어
복원합니다.

**❸ 색감과 크기, 스타일에 맞게
다양한 모자 이미지 생성**

프롬프트 입력 : a flower-
printed hat(꽃이 프린팅된
모자)

이미지의 색감과 분위기에 맞게 모자
이미지를 생성하며, 빛의 방향에 맞
게 모자의 하이라이트 부분과 그림자
부분까지 표현합니다.

❹ Adjustments 패널에서 제안하는 다양한 형태의 결과물

❺ 오른쪽 상단의 빛 방향에 맞게 붓을 들고 있는 다양한 손 생성
   프롬프트 입력 : a right hand with a brush(붓을 들고 있는 오른쪽 손)

간결하게 프롬프트 입력을
잘하는 노하우!

SECTION 03

포토샵에서도 프롬프트 창을 이용하여 이미지를 생성할 때는 영문으로 핵심 단어를 넣어 입력해야 합니다. 애매하고 긴 문장보다는 명확하고, 간결하게 생성하려는 이미지를 키워드로 표현해야 사용자가 원하는 이미지를 정확하게 만들 수 있습니다. 모호하거나 추상적인 단어를 이용하면 엉뚱한 이미지나 이해할 수 없는 추상적인 이미지를 생성하기도 합니다. 불필요한 문구나 문장은 삭제하고, 명확한 단어를 입력해 보세요. 물론 포토샵에서 한 번에 생성한 이미지가 마음에 들지 않을 수도 있습니다. 반복해서 단어를 바꿔 입력하거나 마음에 드는 이미지가 생성될 때까지 〔Generative〕 버튼을 클릭해 다양한 이미지를 제안받는 것도 원하는 이미지를 얻는 방법이기도 합니다.

이전 포토샵 버전인 포토샵 CC 2023에도 배경 이미지를 채우는 기능은 있었지만, 결과물이 자연스럽지 않거나 오류가 발생하는 경우가 많았습니다. 이제는 인공지능의 도움을 받아 빛과 그림자의 방향부터 색감, 빈 영역이 채워지는 배경의 비율까지 맞춰 이미지를 재탄생킵니다. 이러한 〔Generative Fill(생성형 채우기)〕 기능으로 다음과 같은 작업을 진행할 수 있습니다.

❶ **오브젝트 생성** : 이미지에서 선택 영역을 선택하고 텍스트 프롬프트를 통해 오브젝트를 추가하거나 변경할 수 있습니다.

❷ **배경 생성** : 피사체 뒤의 배경을 선택한 다음 텍스트 프롬프트에서 새 장면을 생성합니다.

❸ **이미지 확장** : 이미지의 캔버스를 확장한 다음 빈 영역을 선택합니다. 프롬프트 없이 생성하면 조화롭게 확장된 장면이 만들어집니다. 프롬프트를 사용하여 생성하면 장면의 나머지 부분을 확장하는 동안 이미지에 콘텐츠를 추가할 수 있습니다.

❹ **오브젝트 제거** : 제거할 오브젝트를 선택하고 프롬프트 없이 생성하여 생성형 AI 기술이 개체가 사라지게 합니다.

다음은 생성형 채우기를 최대한 활용할 수 있도록 도와주는 방법을 알아봅니다.

❶ 영문으로 프롬프트 작성하기

포토샵은 영문이나 한글 포토샵을 설치하더라도 반드시 영문으로 프롬프트를 입력해야 합니다. 아직까지는 영어만을 인식하기 때문에 영문으로 작성해야 하며, 잘못된 스펠링으로 인해 엉뚱한 이미지가 생성될 수 있으므로, 파파고나 번역기를 이용해 정확한 영문 프롬프트를 작성하는 것도 좋은 방법입니다.

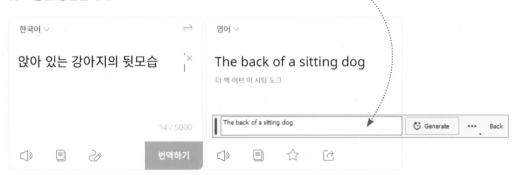

❷ 효과적인 텍스트 프롬프트를 작성하여 이미지 생성하기

단순하고 직접적인 언어를 사용하고 제목 및 설명을 포함한 3~8개의 단어를 사용합니다. 추가 또는 제거와 같은 명령을 반드시 추가할 필요가 없고, 대신 원하는 내용을 표현하면 됩니다.

예를 들어, '강아지'라는 프롬프트로 강아지를 생성할 수 있습니다. 원하는 경우 '뒤돌아보고 있는 갈색 강아지'라는 서술형 키워드를 추가하여 더 세밀하게 이미지를 생성할 수 있습니다.

❸ 레이어를 사용하여 이미지를 유지하면서 편집하기

〔Generate〕를 클릭하면 텍스트 프롬프트에 따라 시각적 개체가 새 생성형 레이어에서 생성됩니다. 그런 다음 포토샵에서 레이어를 사용하여 원하는 구성을 만들 때까지 다른 이미지 또는 오브젝트를 이동하고 조작할 수 있습니다. 또한, 여러 개의 생성된 이미지를 결합하여 혼합 모드로 예상치 못한 멋진 이미지를 얻을 수도 있습니다.

❹ 이미지를 확장할 수 있도록 여유있게 선택 영역 지정하기

이미지를 확장하려면 AI 모델이 이미지를 확장하기 위해 참조할 이미지의 일부를 선택합니다. 모델이 이미지의 크기를 늘리면서 생성된 결과가 원본 이미지의 나머지 부분과 조화를 이루도록 효과적으로 이미지를 확장할 수 있게 충분한 영역의 이미지를 선택해야 합니다. 새 이미지를 생성한 후에는 포토샵의 다양한 도구를 이용해 이미지를 변형, 편집 또는 합성하여 구상한 이미지에 더 가깝게 보완합니다.

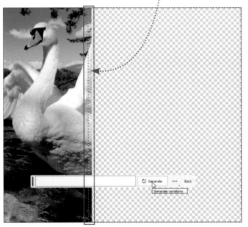

여유있게 선택 영역 지정 ◎ **예제 파일** : swan.jpg

빈 영역에 추측하여 생성된 이미지

알아두기 포토샵 〔Generative Fill(생성형 채우기)〕 기능의 저작권

생성형 채우기 기능은 상업적으로 안전하게 설계된 새로운 생성형 AI 모델 제품군인 어도비 파이어플라이(Adobe Firefly)를 기반으로 하므로 창작하면서 창의성의 한계를 뛰어넘을 수 있습니다. 어도비 파이어플라이는 최고 수준의 품질을 자랑하는 어도비 스톡(Adobe Stock)의 수억 개에 달하는 사용 허가된 전문가 수준 고해상도 이미지로 훈련되어 다른 사람의 작업, 브랜드 또는 지적 재산에 기초하여 콘텐츠를 생성하지 않습니다.

작업 과정을 예측하여 제안한 도구 사용하기

포토샵 AI는 포토샵으로 불러온 이미지를 인식하고 작업을 예측하여 작업자가 사용하려는 도구들을 [Contextual Task Bar]에 제시해서 빠르게 작업할 수 있습니다. 다음 예시에서는 분장실의 조명 앞에서 거울을 보는 인물 사진이 보입니다. 이 원본 사진을 보았을 때 인물의 배경이 어둡고, 무채색에 가까운 조명과 배경 이미지라는 것을 판단할 수 있습니다. 이 사진에서 색감과 조명 효과를 살려 이미지를 보정할 예정입니다.

포토샵에서 원본 사진을 불러온 후 먼저 [Contextual Task Bar]의 첫 번째에 위치한 [Select subject] 버튼을 클릭하여 인물을 선택합니다. 이 버튼을 클릭하면 인물이 선택 영역으로 지정됩니다. 이어서 [Invert select] 버튼을 클릭하여 선택 영역을 반전

❶ 어두운 배경과 무채색 조명의 원본 이미지로 인물 선택을 위해 [Select subject] 클릭

❷ 인물을 제외한 배경을 선택하기 위해 'Invert select' 아이콘 클릭

시켜 배경 이미지를 선택합니다. 또한, Adjustments 패널과 'Create new adjust ment layer' 아이콘()을 클릭하여 배경 이미지의 색조를 변경하는 등 이미지를 조정합니다.

작업 진행에 필요한 도구들이 변경되면서 (Contextual Task Bar)에 표시되는 것을 확인할 수 있습니다. 물론 Tools 패널에서 도구를 선택하면 마찬가지로 그와 연결된 도구들을 재배열합니다. 이와 같은 방식으로 작업자는 포토샵을 사용하여 인물의 선택, 배경 이미지의 조정 등을 빠르고 효과적으로 처리할 수 있습니다. 이는 마치 자동차 정비공의 부사수가 사수에게 필요한 도구만 골라서 건네는 방식처럼 작업의 진행 속도와 효율성을 높이며, 원하는 결과물에 좀 더 쉽게 달성할 수 있도록 도와줍니다.

◉ 예제 파일 : ballet.jpg　◉ 완성 파일 : ballet_완성.jpg

❸ 색상 보정을 위해 Adjustments 패널과 'Create new adjustment layer' 아이콘 클릭

❹ 색감이 살아있는 보정된 이미지

인공지능형 포토샵
베타 앱 설치하기

SECTION 04

어도비 홈페이지에서 포토샵 AI 베타 앱을 다운로드하면 7일간 무료로 사용할 수 있습니다. 무료 체험판 설치 후 무료 기간이 지나면 결제가 진행되며, 카드 결제 취소도 가능합니다. 포토샵의 내 플랜 관리 옵션에서 결제 취소나 추가로 앱을 구독할 수도 있습니다. 물론 Creative Cloud를 구매하면 구매 기간에 제한 없이 사용할 수 있습니다.

포토샵 베타 앱 무료 설치하기

01 │ 포토샵 AI를 설치하기 위해 웹브라우저에 'helpx. adobe.com/kr/support/ photoshop.html'를 입력하여 Adobe Photoshop 학습 및 지원 사이트로 이동하고 〔사용 안내서〕를 클릭합니다.

02 │ Photoshop 사용 안내서 시작 화면이 표시되면 왼쪽 메뉴에서 〔생성형 AI〕 → 〔생성형 채우기를 통해 Photoshop의 미래를 경험하세요〕를 클릭합니다.

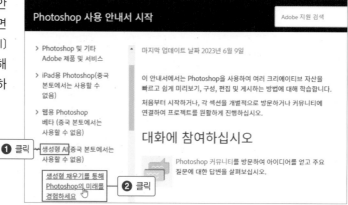

03 | 포토샵 AI를 다운 로드하기 위해 (Photoshop (Beta) 앱 다운로드) 버튼을 클릭합니다.

04 | 크리에이티브 클라우드 화면이 표시되면 먼저 언어를 지정하기 위해 오른쪽 상단의 '계정' 아이콘을 클릭합니다. '앱' 메뉴를 선택하고 기본 설치 언어를 'English (International)'로 지정합니다. Beta 앱의 데스크탑 앱에서 Photoshop (Beta) 항목의 (시험 사용) 버튼을 클릭합니다.

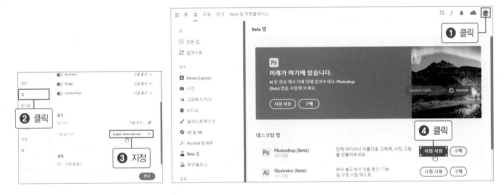

05 | 결제 화면이 표시되면 결제 정보를 입력한 다음 (무료 체험기간 시작) 버튼을 클릭합니다.

무료 설치이므로 7일간 무료로 사용할 수 있으며, 그 이전에 취소하면 요금이 청구되지 않습니다.

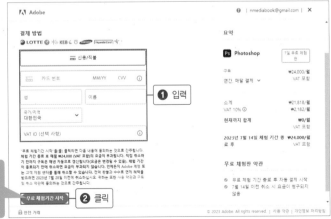

기존 포토샵 사용자의 포토샵 베타 앱 설치하기

01 │ 〔윈도우 시작〕 버튼을 클릭한 다음 메뉴에서 〔Adobe Creative Cloud〕를 실행합니다.

02 │ 어도비 계정에 로그인하기 위해 이메일 주소와 암호를 입력한 다음 〔계속〕 버튼을 클릭합니다.

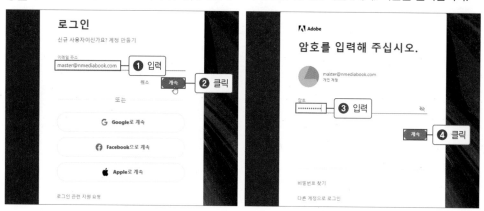

03 │ Creative Cloud Desktop 창이 표시되면 먼저 설치 언어를 지정하기 위해 '계정' 아이콘을 클릭한 다음 〔환경 설정〕을 클릭합니다.

04 | '앱' 메뉴를 클릭하고 기본 설치 언어를 'English (International)'로 선택한 후 (완료) 버튼을 클릭합니다.

05 | 상단의 '앱' 메뉴를 클릭하고 왼쪽 메뉴에서 (Beta 앱)을 클릭합니다. 데스크탑 앱에서 Photo shop (Beta) 항목의 (설치) 버튼을 클릭합니다.

06 | 포토샵이 설치되는 것을 확인할 수 있습니다. 설치가 완료되면 (윈도우 시작) 버튼을 클릭한 다음 메뉴에서 (Adobe Photoshop (Beta))을 실행하여 포토샵을 시작합니다.

포토샵 베타 앱 실행하기

01 | 〔윈도우 시작〕 버튼을 클릭한 다음 메뉴에서 〔Adobe Creative Cloud〕를 실행합니다.

02 | 무료 체험판 포토샵이 시작된다는 안내 창이 표시됩니다. 〔Start free trial〕 버튼을 클릭합니다.

03 | 포토샵이 실행되면 먼저 원하는 색상의 인터페이스로 지정하기 위해 〔Edit〕 → Preferences → Interface를 실행합니다.

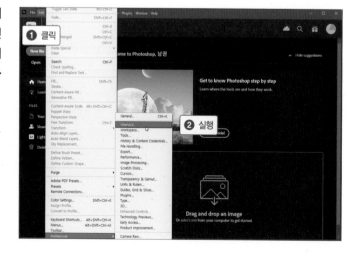

04 │ Preferences 대화 상자가 표시되면 가장 밝은 색상을 선택하고 〔OK〕 버튼을 클릭합니다.

05 │ 포토샵 홈 화면이 표시됩니다. 새로운 파일을 만들기 위해 〔New file〕 버튼과 이미지를 드래그하여 파일을 여는 영역이 표시됩니다. 포토샵 작업 영역 화면으로 이동하기 위해 'PS' 아이콘을 클릭합니다.

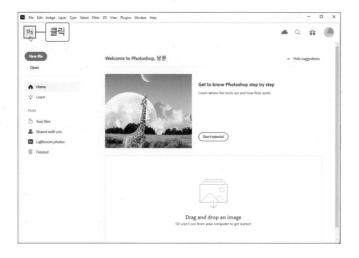

06 │ 도구와 패널, 옵션바와 작업 영역의 포토샵 기본 화면이 표시됩니다.

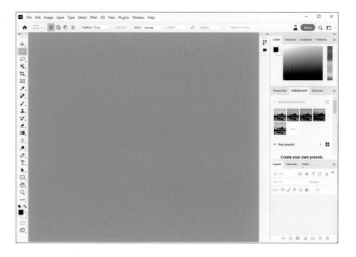

포토샵 인터페이스 살펴보기

SECTION 05

포토샵을 실행하면 명령을 아이콘화해 제공하는 각종 도구와 상단의 옵션 메뉴를 볼 수 있습니다. 특히 텍스트로 이미지를 생성할 수 있는 프롬프트 창이 포함된 (Contextual Task Bar), 다양한 결과물을 제시하는 Properties 패널과 이미지 보정을 위한 Adjustments 패널 등 다양한 신기능을 이용한 이미지 작업을 해 보세요.

① **메뉴 표시줄** : 포토샵 기능들이 상단 메뉴에 표시됩니다.

② **옵션바** : 도구를 선택하면 더 세밀하게 조절할 수 있는 옵션이 표시됩니다.

③ **Tools 패널** : 주요 기능들을 아이콘 형식으로 만든 도구 모음을 제공합니다.

④ **파일 이름 탭** : 작업 이미지 이름과 화면 확대 비율, 색상 모드가 표시되며 다른 이미지로 전환하기 편리합니다.

⑤ **작업 영역** : 이미지 작업을 하는 공간으로 이미지를 불러오면 작업 영역에 표시됩니다.

⑥ **상태 표시줄** : 화면 비율을 설정할 수 있고, 작업 중인 이미지 정보를 확인할 수 있습니다.

⑦ **New Document 대화상자** : 사용자가 손쉽게 원하는 형태의 도큐먼트를 선택하는 방식으로 만들 수 있습니다. 새로운 도큐먼트를 만들기 위해 사진이나 인쇄, 웹, 모바일, 필름&비디오 형식에 맞게 다양한 프리셋을 지원합니다.

❽ **패널** : 작업에 필요한 옵션이
팔레트 형태로 표시됩니다.
〔Window〕메뉴에서 패널을
선택하여 표시할 수 있습니다.

❾ **클라우드** : 클라우드 스토리
지에 저장되어 있는 파일을
표시합니다.

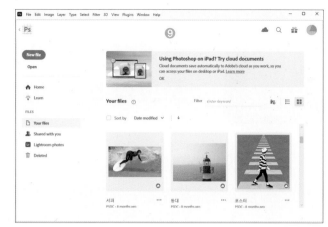

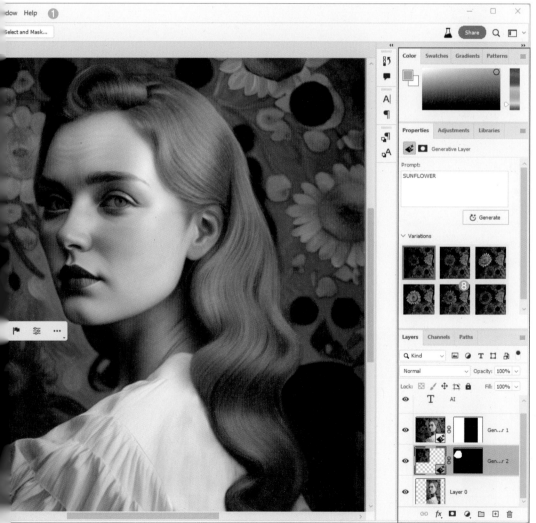

명령어를 아이콘화한
포토샵 도구 알아보기

Tools 패널은 포토샵 기능을 아이콘 형태로 모아 놓은 도구 패널로, 도구를 선택하여 이미지 선택 또는 편집 기능을 제공합니다. Tools 패널의 도구를 누르고 있으면 숨어 있던 도구가 표시됩니다. 도구를 선택하면 상단의 옵션바나 오른쪽에 위치한 패널의 옵션 등이 해당 도구에 맞게 변경됩니다.

① **이동 도구** : 이미지를 드래그하는 방식으로 이동합니다.

② **사각형 선택 도구** : 사각형 선택 영역을 지정합니다.

③ **올가미 도구** : 드래그하는 형태에 따라 불규칙한 선택 영역을 지정합니다.

④ **마술봉 도구** : 클릭한 부분을 기준으로 선택 영역을 지정합니다.

⑤ **자르기 도구** : 이미지를 자르거나 분할합니다.

⑥ **프레임 도구** : 원형 또는 사각형 프레임을 만들어 이미지를 위치시킵니다.

⑦ **스포이트 도구** : 색상을 추출합니다.

⑧ **리무브 도구** : 특정 부분을 제거합니다.

⑨ **힐링 브러시 도구** : 특정 부분을 수정하거나 복원합니다.

⑩ **브러시 도구** : 이미지에 붓 터치를 적용합니다.

⑪ **스템프 도구** : 이미지를 복제합니다.

⑫ **히스토리 브러시 도구** : 원본 이미지를 복구합니다.

⑬ **지우개 도구** : 특정 이미지를 지웁니다.

⑭ **그레이디언트 도구** : 다양한 색상 띠 형태를 표현합니다.

⑮ **블러 도구** : 흐릿한 이미지를 만듭니다.

⑯ **닷지 도구** : 이미지를 밝게 만듭니다.

⑰ **펜 도구** : 패스선을 작성합니다.

⑱ **문자 도구** : 문자를 입력합니다.

⑲ **패스 선택 도구** : 패스선을 선택할 때 사용합니다.

⑳ **사각형 도구** : 사각형을 만듭니다.

㉑ **손 도구** : 이미지를 드래그해 이동시킵니다.

㉒ **돋보기 도구** : 이미지를 확대하거나 축소합니다.

㉓ **기본 흑백 설정** : 전경색을 '검은색', 배경색을 '흰색'으로 지정합니다.

㉔ **전경색과 배경색** : 전경색은 문자나 브러시로 색을 칠할 때 기본이 되는 색상이며, 배경색은 지우개 도구 등의 배경이 되는 색상을 의미합니다.

㉕ **(Contextual Task Bar)** : 프롬프트 창을 이용해 이미지를 생성하거나 작업할 때 필요한 도구들을 제시합니다.

SECTION 07

문자로 이미지를 생성하는
(Contextual Task Bar) 알아보기

포토샵에서 새롭게 선보이는 [Contextual Task Bar]는 이미지 생성을 도와주는 프롬프트 창부터 이미지를 제거하거나 생성, 선택 영역 편집부터 문자 입력까지 다양한 도구를 제공하고 있습니다. Tools 패널의 도구를 선택하면 자동으로 [Contextual Task Bar]에서 필요한 도구를 제시합니다.

❶ 기본 바 형태

ⓐ **Select subject** : 중요한 피사체를 선택 영역으로 지정합니다.
ⓑ **Remove background** : 배경을 삭제합니다.
ⓒ **Transform image** : 이미지 크기를 조정합니다.
ⓓ **Create new adjustment layer** : 보정 레이어를 생성합니다.
ⓔ **More options** : 바의 위치를 지정합니다.
ⓕ **Properties** : Properties(속성) 패널을 표시합니다.
ⓖ **Hide bar** : [Contextual Task Bar]를 숨깁니다.
ⓗ **Reset bar position** : [Contextual Task Bar]를 기본 설정합니다.
ⓘ **Pin bar position** : [Contextual Task Bar]를 고정합니다.

❷ 이미지에 선택 영역이 지정된 경우 바 형태

ⓐ **Generative Fill** : 프롬프트 창을 표시합니다.
ⓑ **Modify selection** : 선택 영역을 확장, 축소합니다.
ⓒ **Invert selection** : 선택 영역을 반전합니다.
ⓓ **Transform selection** : 선택 영역을 변형합니다.
ⓔ **Create mask from selection** : 마스크 레이어를 생성합니다.
ⓕ **Create new adjustment layer** : 보정 레이어를 생성합니다.
ⓖ **Fill selection** : 선택 영역에 색상을 채웁니다.
ⓗ **More options** : [Contextual Task Bar]의 위치를 지정합니다.
ⓘ **Deselection** : 선택 영역을 해제합니다.

❸ [Generative Fill] 버튼을 클릭한 경우 바 형태

ⓐ **프롬프트 창** : 생성하려는 이미지를 영문으로 입력합니다.
ⓑ **Generate** : 이미지를 생성하거나 영역을 채웁니다.

꼭 알아야 할 기능만 픽!

텍스트로 작업하는
포토샵 AI 기능 마스터

새롭게 선보이는 포토샵의 신기능을 소개합니다. AI 기능을 이용한 이미지 교체 및 생성 방법, 잘려진 이미지를 추론해서 만드는 이미지 확장 생성 기능과 한 번에 끝내는 이미지 보정 작업, 새롭게 선보이는 그레이디언트 기능 등 포토샵 AI의 핵심 기능을 배울 수 있을 것입니다. 이제 효율적인 포토샵 작업을 시작해 보세요.

포즈에 맞게
인물의 옷을 변경하려면?

기존 포토샵의 합성 기능을 이용하여 인물의 의상을 변경하기 위해서는 변경하려는 의상을 섬세하게 선택 영역으로 지정한 다음 교체하려는 의상을 합성해야 합니다. 이러한 과정에서는 인물의 포즈나 머리카락 등을 변형하는 과정도 필요하기 때문에 꽤 까다로운 합성 작업이 필요합니다.

포토샵 AI 기능을 이용하면 변경하려는 의상을 대략 선택한 다음 프롬프트 창에 교체하려는 의상을 표현하여 입력하면 간단하게 의상을 변경할 수 있습니다. 원하는 스타일 의상을 문장으로 표현하여 인물의 이상 합성 작업을 해보세요.

BEFORE

예제 파일 : baller.jpg
완성 파일 : baller_완성.jpg

AFTER

❶ 캐주얼 의상을 입고 있는.인물을 선택 영역으로 지정 ❷ 프롬프트 창에 '발레복으로 교체' 입력

❸ '흰색 레이스가 있는 발레복으로 교체'를 입력하여 발레복 변경 ❹ '캐주얼 의상으로 교체'를 입력하여 발레복을 평상복으로 변경

변경하려는 의상 영역 지정하기

01 | 포토샵에서 (File) → Open을 실행한 다음 소스 폴더에서 'baller.jpg' 파일을 불러옵니다. 발레 슈즈를 신고 춤을 추는 인물이 표시됩니다.

화면 하단에는 (Contextual Task Bar(콘텍츄얼 테스크 바))가 표시된 것을 확인할 수 있습니다.

02 | 인물이 입고 있는 캐주얼 의상을 발레복으로 변경해 보겠습니다. 변경될 영역을 선택 영역으로 지정하기 위해 먼저 올가미 도구( )를 선택합니다.

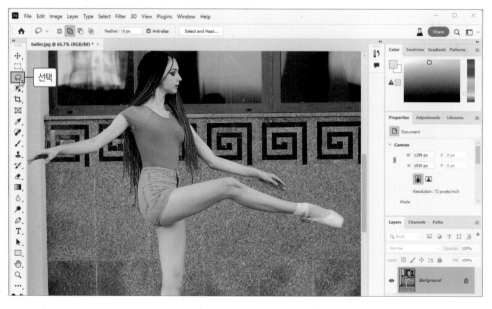

선택

03 │ 인물의 상의와 하의가 포함되도록 드래그합니다. 그림과 같이 점선 형태의 선택 영역이 표시된 것을 확인할 수 있습니다.

프롬프트 창에서 발레복으로 변경하기

01 │ (Contextual Task Bar)에서 (Generative Fill)을 클릭하여 프롬프트 창을 표시합니다.

02 │ 프롬프트 창이 표시되면 '발레복으로 대체'가 영문으로 번역된 문장인 'Replace With a ballet suit'를 입력한 다음 Enter를 누릅니다.

03 │ 캐주얼 의상이 그림과 같이 발레복으로 변경되었습니다. 오른쪽 Properties 패널에 다양한 형태로 제시된 의상을 클릭하여 이미지를 변경할 수 있습니다.

문장으로 섬세하게 의상 변경하기

01 이번에는 흰색 발레복으로 변경하기 위해 '흰색 레이스가 있는 발레복으로 대체'라는 문장을 영문으로 번역해서 입력합니다. 프롬프트 창에 'Replace with a white lace ballet suit'를 입력하고 Enter를 누릅니다.

02 다양한 캐주얼 의상으로 변경하기 위해 프롬프트 창에 'Replace with casual clothes'를 입력하고 Enter를 눌러 작업을 마칩니다.

New! 감쪽 같이 **없애는** **리무브 도구**를 사용하려면?

새롭게 선보이는 리무브 도구는 지우려는 이미지를 완벽하게 지울 수 있습니다. 포토샵에서 특정 이미지만 지우는 방법은 이미지 합성보다 어려운 기술입니다. 지워진 영역을 채우기 위해 배경 이미지를 별도로 합성하거나 합성 영역을 자연스럽게 연출해야 하기 때문입니다. 리무브 도구를 이용하면 한 번에 특정 피사체를 지움과 동시에 지워진 영역을 예측하여 자연스럽게 이미지를 채워 복원합니다. 예제에서는 인물과 서프보드를 자유롭게 지우는 방법에 대해 알아봅니다.

BEFORE

예제 파일 : surfboard.jpg
완성 파일 : surfboard_완성.jpg

AFTER

❶ 서프보드를 들고 있는 인물 이미지를
   리무브 도구로 영역 지정

❷ 인물과 서프보드가 지워지면서 바다
   배경만 표시

❸ 서프보드를 제외한 인물만 리무브 도
   구로 영역 지정

❹ 서프보드 형태가 복원되며, 바다 배경
   도 자연스럽게 연출

인물과 서프보드 지우기

01 | 포토샵에서 (File) → **Open**을 실행하고 소스 폴더에서 'surfboard.jpg' 파일을 불러옵니다. 바다에서 서프보드를 들고 있는 인물 이미지가 표시되면 Tools 패널의 리무브 도구(🖌)를 선택합니다.

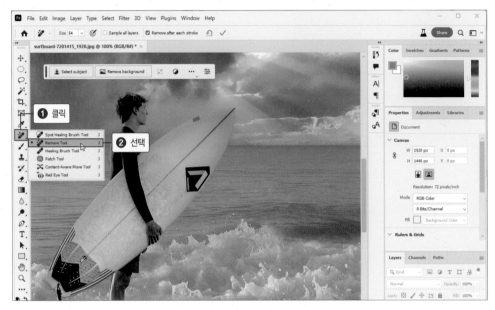

02 | 옵션바에 리무브 도구의 옵션이 표시되면 브러시 크기를 조정하기 위해 Size를 '50'으로 설정합니다.

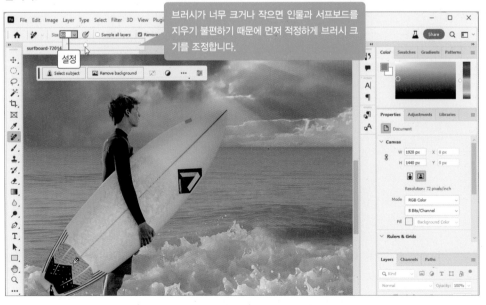

브러시가 너무 크거나 작으면 인물과 서프보드를 지우기 불편하기 때문에 먼저 적정하게 브러시 크기를 조정합니다.

03 │ 인물과 서프보드 형태에 맞게 그림과 같이 드래그합니다. 드래그할 때는 배경 부분도 포함되도록 여유있게 영역을 지정합니다.

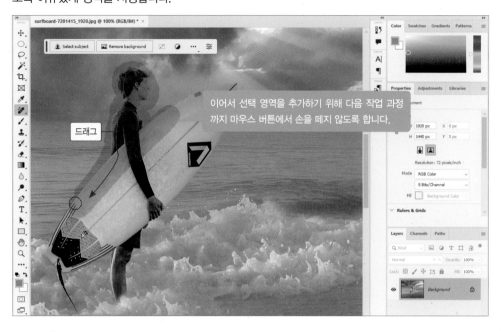

04 │ 인물과 서프보드를 빠짐없이 드래그하여 영역으로 지정했다면 마우스 버튼에서 손을 뗍니다.

05 │ 인물과 서프보드가 지워지면서 지워진 영역에 배경 이미지가 채워지며 합성되었습니다. 간혹 지워진 이미지 일부가 표시되면 해당 영역을 클릭하는 방법으로 지웁니다.

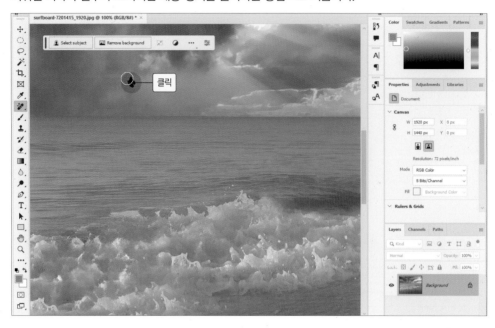

06 │ 원본 이미지로 되돌리기 위해 History 패널을 클릭하고 파일명이 표시된 항목을 클릭합니다.

History 패널에는 사용자가 작업한 과정을 항목 형태로 저장합니다. 원하는 작업 과정으로 되돌릴 경우에는 해당 작업 과정이 표시된 항목을 클릭합니다.

인물만 지워 서프보드 복원하기

01 이번에는 서프보드는 남긴 상태로 인물만 부분적으로 지우겠습니다. 리무브 도구(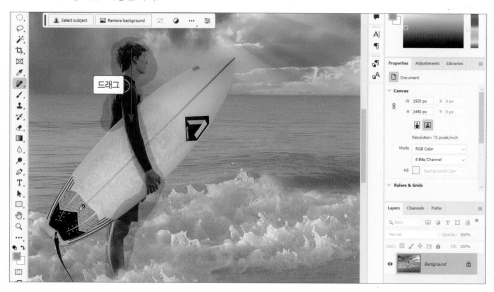)로 인물 부분만 드래그하여 그림과 같이 지울 영역을 지정합니다. 마찬가지로 한 번에 드래그하는 방법으로 지우려는 인물 영역을 지정합니다.

02 그림과 같이 인물의 팔 부분이 겹쳐 있던 서프보드는 원래대로 복원되고, 바다 배경 영역도 자연스럽게 채워진 것을 확인할 수 있습니다.

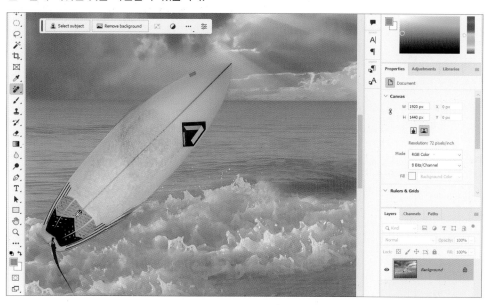

인물을 제외한
배경 이미지를 바꾸려면?

SECTION 03

포토샵 AI 기능은 포토샵에서 이미지를 불러오는 순간부터 이미지를 판단하기 시작합니다. 만약 풍경 사진 안에 인물이 있다면 인물은 피사체로 인식하고, 하늘이나 산, 바다 등은 배경 이미지로 인식합니다. 따라서 클릭 한 번에 인물을 선택 영역으로 지정할 수 있고, 배경 이미지를 마음대로 변경할 수 있습니다.

특히, 포토샵 도구를 선택하면 사용자가 어떠한 작업을 할 것이라고 예상하여 포토샵 AI 도구가 모여 있는 (Contextual Task Bar)에서 제공하는 도구들도 변경됩니다. 예제에서는 한 번의 클릭으로 인물 이외의 배경 이미지를 선택한 다음 산 풍경 사진을 바다 배경의 인물 사진으로 변경해 보세요.

BEFORE

예제 파일 : jump.jpg
완성 파일 : jump_완성.jpg

AFTER

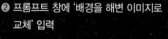 산에서 점프하는 원본 이미지의 배경을 선택 영역으로 지정

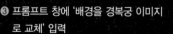 프롬프트 창에 '배경을 해변 이미지로 교체' 입력

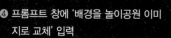 프롬프트 창에 '배경을 경복궁 이미지로 교체' 입력

4 프롬프트 창에 '배경을 놀이공원 이미지로 교체' 입력

선택 영역 지정과 반전하기

01 │ 포토샵에서 (**File**) → **Open**을 실행한 다음 소스 폴더에서 'jump.jpg' 파일을 불러옵니다. 산을 배경으로 점프하는 인물 사진이 표시됩니다. 인물을 선택 영역으로 지정하기 위해 (Contextual Task Bar)에서 (Select subject)를 클릭합니다.

02 │ AI 기능이 피사체를 인물로 인식하여 인물을 선택 영역으로 지정하였습니다.

포토샵에서 이미지를 여는 순간부터 AI 기능이 인물과 배경을 인식하기 때문에 사용자가 주요 피사체인 인물을 선택할 것이라고 예측합니다.

03 │ 인물 이외의 배경을 선택 영역으로 지정하기 위해 (Contextual Task Bar)에서 'Invert selection' 아이콘(🔳)을 클릭합니다.

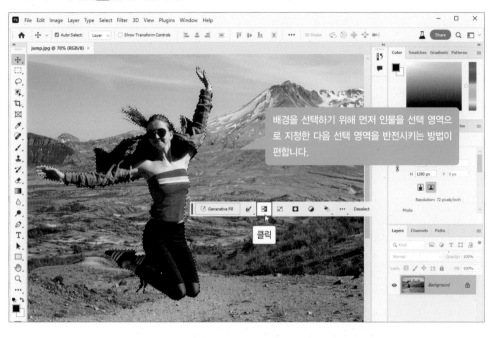

배경을 선택하기 위해 먼저 인물을 선택 영역으로 지정한 다음 선택 영역을 반전시키는 방법이 편합니다.

04 │ 인물 이외의 배경 부분이 그림과 같이 선택 영역으로 지정된 것을 확인할 수 있습니다.

(Contextual Task Bar)에서 왼쪽 바 부분을 클릭한 다음 드래그하는 방식으로 패널의 위치를 이동할 수 있습니다. 피사체가 가려지면 작업에 방해받지 않는 영역으로 이동합니다.

배경 이미지 합성하기

01 | (Contextual Task Bar)의 (Generative Fill)을 클릭하여 프롬프트 창을 표시합니다. 이번에는 배경을 놀이공원으로 변경하기 위해 '배경을 해변 이미지로 대체'를 영문으로 번역하여 'Replace background with beach image'를 입력한 다음 Enter를 누릅니다.

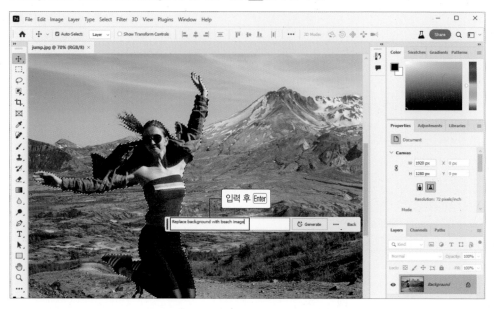

02 | 그림과 같이 해변 이미지 배경으로 변경된 것을 확인할 수 있습니다.

03 | 합성을 원하는 배경 이미지를 프롬프트 창에 입력해 다양한 이미지 합성 결과물을 얻으세요.

경복궁을 배경 이미지로 변경하기 위해 'Replace Gyeongbokgung Palace in Korea'를 입력하였습니다.

알아두기 Preperties 패널 프롬프트 창

(Contextual Task Bar)에서 (Generative Fill)을 클릭해 프롬프트 창에 텍스트를 입력하면 오른쪽 Preperties 패널에 프롬프트 창이 표시됩니다. 여기서 프롬프트를 수정하거나 추가하여 이미지 작업을 할 수 있습니다.

Preperties 패널의 프롬프트 창에 'Replace the theme park with the background'를 입력하여 배경을 놀이공원으로 교체

불필요한 요소가 있는
공간을 자연스럽게 채우려면?

이미지 합성의 기본은 자연스러움입니다. 제거하려는 영역이나 공간을 자연스럽게 합성하는 방법은 바로 주변의 배경 요소를 이용하여 경계면이나 영역을 채우는 기술입니다. 포토샵 AI 기능은 주변 이미지를 인식하여 빈 영역이 자연스럽게 채워집니다. (Contextual Task Bar)에서 별도의 프롬프트를 입력하지 않고 (Generative Fill)을 클릭하면 기본으로 선택 영역 주변의 이미지를 이용하여 공간을 채웁니다.

BEFORE

예제 파일 : cyclocross.jpg
완성 파일 : cyclocross_완성.jpg

AFTER

① 밋밋한 하늘과 선수 이미지, 주변 인물과 자동차가 있는 이미지 ② 하늘 배경에 구름이 있는 하늘 이미지로 채우기

③ 싸이클 선수 옆의 인물과 자동차 이미지를 나무와 풀로 채우기 ④ 산길의 빈 영역에 호숫가 영역을 만들어 물 채우기

하늘 영역에 구름 이미지 합성하기

01 | 포토샵에서 (File) → Open을 실행하고 소스 폴더의 'cyclocross.jpg' 파일을 불러옵니다. 주변에 인물과 자동차가 있는 싸이클 선수 사진이 표시됩니다.

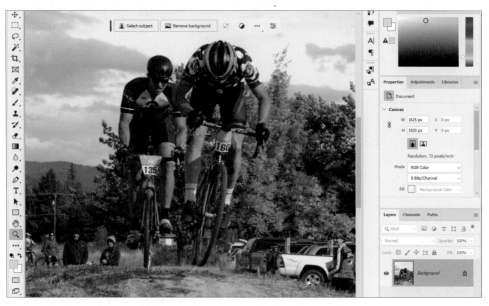

02 | 밋밋한 하늘 영역을 구름이 있는 하늘로 변경하기 위해 (Edit) → Sky Replacement를 실행합니다.

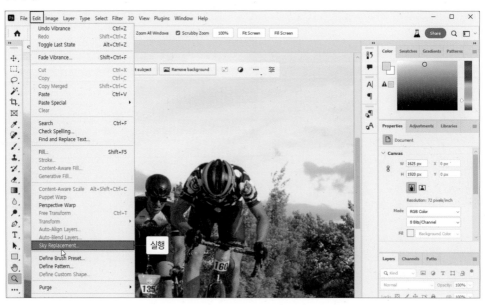

03 | Sky Replacement 대화상자가 표시되면 변경하려는 하늘 이미지 섬네일이 표시됩니다.

하늘 이미지를 선택하면 인물과 배경을 자동으로 합성하여 자연스럽게 하늘을 연출합니다.

04 | 마음에 드는 구름이 있는 하늘 섬네일을 선택한 다음 (OK) 버튼을 클릭합니다. 하늘 영역에 선택한 구름 이미지가 합성된 것을 확인할 수 있습니다.

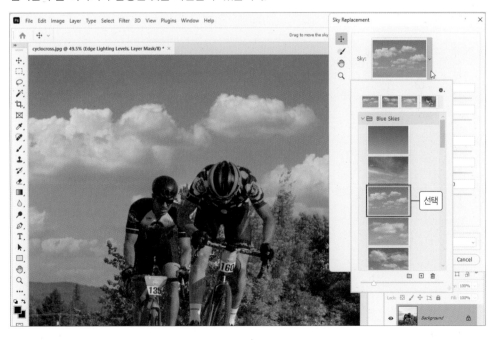

선택

불필요한 영역 채우기

01 │ 이미지 오른쪽에 주차된 자동차가 있는 영역을 올가미 도구(⊘)로 드래그하여 선택 영역을
지정합니다.

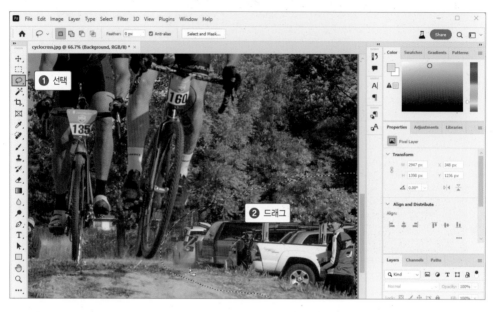

02 │ 주변 나무와 풀을 이용해서 선택 영역을 채우기 위해 (Contextual Task Bar)의 (Generative
Fill)을 클릭합니다.

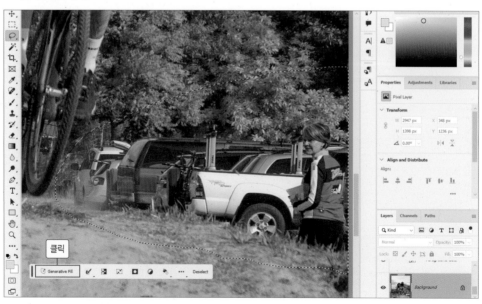

03 | 〔Contextual Task Bar〕에서 〔Generate〕를 클릭하면 그림과 같이 자동차들이 있었던 선택 영역이 자연스럽게 주변 나무와 풀로 채워진 것을 확인할 수 있습니다.

04 | 같은 방법으로 싸이클 선수 왼쪽의 인물들을 제거하기 위해 올가미 도구(◯)로 드래그하여 선택 영역으로 지정합니다.

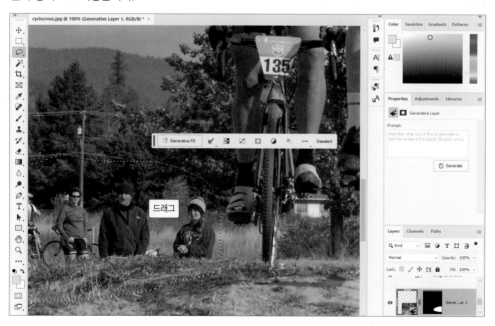

05 〔Contextual Task Bar〕에서 〔Generative Fill〕을 클릭한 다음 〔Generate〕를 클릭하면 그림과 같이 인물들이 있는 영역이 기존 배경 요소로 감쪽같이 채워집니다.

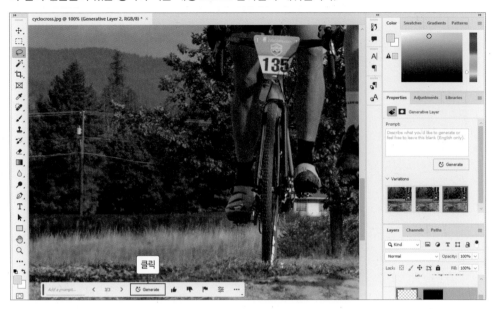

호숫가 이미지로 영역 채우기

01 이미지 하단의 밋밋한 산길을 호숫가처럼 연출해 보겠습니다. 올가미 도구(🔘)로 그림과 같이 이미지 하단의 빈 산길 부분을 드래그하여 선택 영역으로 지정합니다.

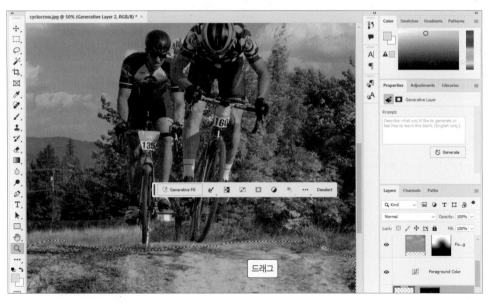

02 | 〔Contextual Task Bar〕의 〔Generative Fill〕을 클릭하여 프롬프트 창을 표시합니다. 산길을 호숫가로 변경하기 위해 '배경을 호숫가 이미지로 대체'를 영문으로 번역하여 'Replace with a lake'를 입력합니다.

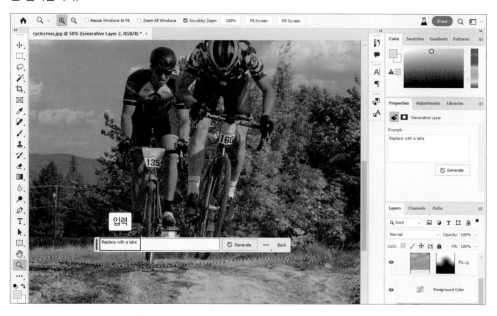

03 | 호숫가 형태로 그림과 같이 빈 영역이 채워진 것을 확인할 수 있습니다.

원하는 아이템 장착!
이미지 구성 요소를 생성하려면?

SECTION 05

특정 이미지를 추가하여 이미지를 완성하기 위해서는 두 가지 작업 과정이 따릅니다. 첫째는 원하는 이미지를 검색하거나 구입해 이미지 소스를 준비하는 과정이고, 둘째는 해당 소스를 이미지에 합성하기 위해 섬세하게 이미지를 선택한 다음 주변 이미지와 자연스러운 합성을 위해 형태 변형과 색감 조정 등 꽤 복잡한 과정을 거쳐야 하므로 그만큼 시간과 비용이 듭니다. 포토샵 AI 기능을 이용하면 원하는 형태의 이미지를 마음대로 생성할 수 있으며, 다양하게 변형하여 제안된 이미지를 선택만 하면 됩니다. 프롬프트에서 원하는 이미지 형태를 글로 묘사하여 이미지 구성 요소를 생성해 보겠습니다.

BEFORE

예제 파일 : jetty.jpg
완성 파일 : jetty_완성.jpg

AFTER

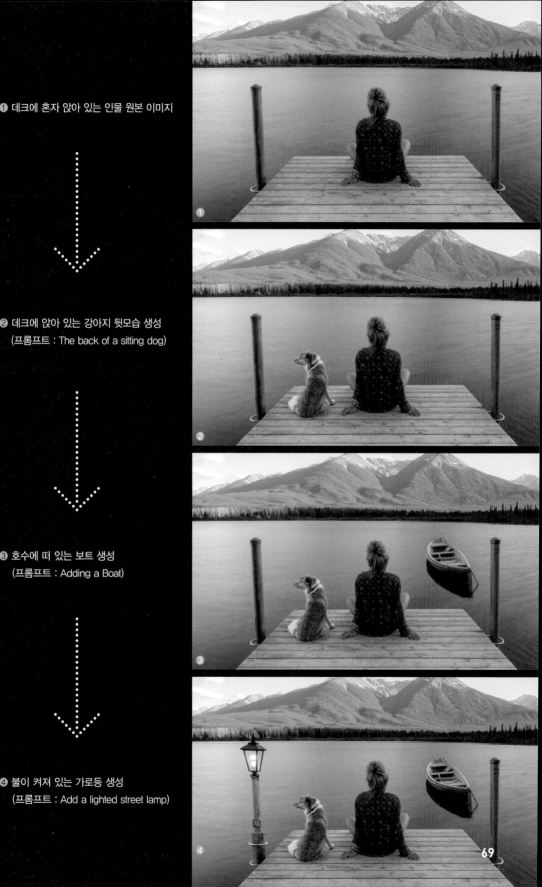

❶ 데크에 혼자 앉아 있는 인물 원본 이미지

❷ 데크에 앉아 있는 강아지 뒷모습 생성
(프롬프트 : The back of a sitting dog)

❸ 호수에 떠 있는 보트 생성
(프롬프트 : Adding a Boat)

❹ 불이 켜져 있는 가로등 생성
(프롬프트 : Add a lighted street lamp)

데크 위의 강아지 생성하기

01 │ 포토샵에서 (File) → Open을 실행한 다음 소스 폴더에서 'jetty.jpg' 파일을 불러옵니다. 호숫가 데크에 앉아 있는 인물 사진이 표시됩니다.

02 │ 인물 왼쪽 영역에 강아지를 추가하기 위해 Tools 패널의 올가미 도구(⬭)로 강아지가 위치할 영역을 드래그해서 선택 영역으로 지정합니다. (Contextual Task Bar)의 (Generative Fill)을 클릭해 프롬프트 창을 표시합니다.

선택 영역이 작은 경우 작은 강아지를, 선택 영역이 큰 경우에는 큰 개가 생성됩니다.

03 │ 산길을 호숫가로 변경하기 위해 '앉아 있는 강아지의 뒷모습'을 영문 번역하여 'The back of a sitting dog'를 입력한 다음 Enter를 누릅니다.

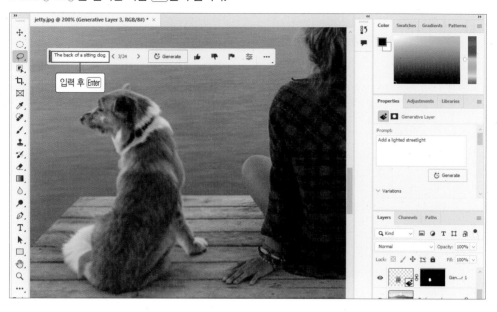

호숫가의 보트 생성하기

01 │ 이번에는 인물 오른쪽 영역에 보트 이미지를 생성하기 위해 올가미 도구()로 호수 부분을 드래그하여 그림과 같이 선택 영역을 지정합니다.

02 │ (Contextual Task Bar)의 (Generative Fill)을 클릭하여 프롬프트 창을 표시하고 '보트 추가'를 영문으로 번역하여 'Adding a boat'를 입력한 다음 [Enter]를 누릅니다. Properties 패널에서 원하는 형태의 보트를 선택해도 됩니다.

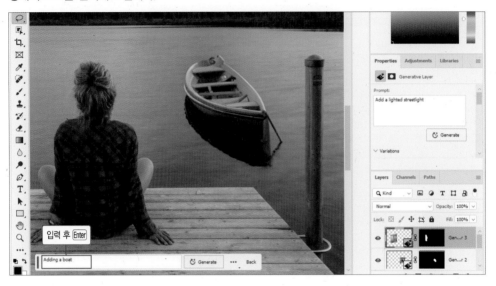

불켜진 가로등 생성하기

01 │ 데크의 나무 기둥을 가로등으로 변경하겠습니다. 올가미 도구([⊘])로 나무 기둥을 포함해서 드래그하여 그림과 같이 세로 형태의 선택 영역을 지정합니다.

02 〔Contextual Task Bar〕의 〔Generative Fill〕을 클릭하여 프롬프트 창을 표시하고 '불이 켜져 있는 가로등 추가'를 영문으로 번역하여 'Add a lighted street lamp'를 입력한 다음 (Enter)를 누릅니다. 그림과 같이 불켜진 가로등이 생성되었으며, 호수와 자연스럽게 합성된 것을 확인할 수 있습니다.

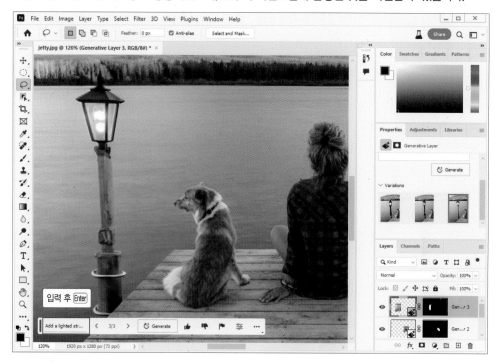

03 그림과 같이 이미지 요소를 프롬프트로 작성하여 구성한 이미지가 완성되었습니다.

보정 스타일을 보면서
이미지를 보정하려면?

포토샵에서 제공하는 보정 기능은 Adjustments(어저스트먼트) 메뉴를 실행하여 이미지를 보수하거나 감성적인 느낌을 표현하기 위해 보정합니다. 새롭게 선보이는 Adjustments 패널에서 제공하는 섬네일 형태의 보정 스타일을 클릭하면 별도의 보정 수치 값을 입력하거나 수정하면서 이미지를 보정할 필요가 없습니다. 예제에서는 여행 사진을 보정 스타일을 이용하여 원하는 스타일로 손쉽게 보정해 보겠습니다.

BEFORE

예제 파일 : cyclist.jpg
완성 파일 : cyclist_완성.jpg

AFTER

① Black & White − Neutral ② Portraits − Sunshine ③ Cinematic − Blue Mood

④ Photo Repair − Lighten ⑤ Photo Repair − Sepia ⑥ Photo Repair − Strong Contrast

보정 스타일 선택하기

01 | 포토샵에서 (File) → **Open**을 실행한 다음 소스 폴더에서 'cyclist.jpg' 파일을 불러옵니다. 도시의 거리 풍경 사진이 표시됩니다.

02 | 화면에 Adjustments 패널이 없다면 불러오기 위해서 (Window) → **Adjustments**를 실행합니다.

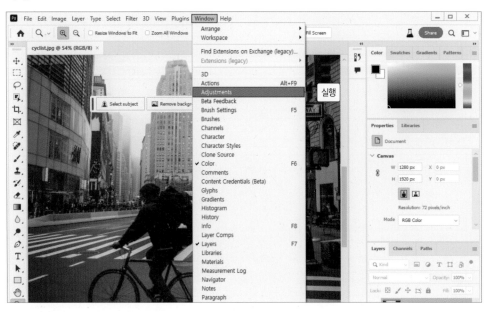

03 | Adjustments 패널에서는 그림과 같이 작은 섬네일 이미지 형태로 보정 스타일을 제공합니다. 마우스 커서를 스타일 위에 위치시키면 바로 원본 이미지가 해당 스타일로 보정되는 것을 확인할 수 있습니다.

보정 스타일을 클릭하면 원본 이미지에 적용되며, 다시 다른 보정 스타일을 클릭하면 보정이 적용된 이미지에 보정 스타일이 겹쳐 보정됩니다.

04 | Adjustments 패널의 슬라이더를 아래로 드래그한 다음 'More'를 클릭합니다.

알아두기   Adjustments 패널

새롭게 선보이는 Adjustments 패널은 이전 포토샵 버전에서의 이미지 색상 보정 시 수치 값을 입력하거나 슬라이더로 드래그하는 불편함을 개선하여 한번의 클릭으로 작업이 간편해졌습니다.

05 │ 다양한 섬네일 이미지 형태의 보정 스타일이 추가로 표시됩니다. 마우스 커서를 위치시킬 때마다 보정 스타일이 적용됩니다.

06 │ 다양한 색감의 보정 스타일뿐만 아니라 흑백 보정 스타일이나 듀오 톤 보정 스타일까지 제공합니다.

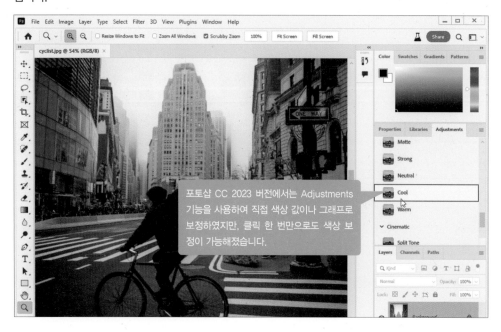

포토샵 CC 2023 버전에서는 Adjustments 기능을 사용하여 직접 색상 값이나 그래프로 보정하였지만, 클릭 한 번만으로도 색상 보정이 가능해졌습니다.

사용자 보정하기

01 | Adjustments 패널에서 섬네일 형태의 보정 스타일을 사용하더라도 사용자가 세밀하게 수정할 수 있습니다. 예제에서는 'Sunshine'을 클릭하고 Layers 패널에서 Adjustments 레이어 아이콘을 클릭합니다.

02 | 색상별로 조정할 수 있는 그래프가 그림과 같이 표시되면 RGB에서 'Blue'를 선택합니다.

03 | 파란색 그래프가 표시되면 그래프를 드래그하는 방식으로 변경합니다. 그래프 곡선을 상단으로 올리면 이미지에 Blue 톤이 증가하며, 하단으로 드래그하면 Yellow 톤이 증가합니다.

04 | 이번에는 RGB에서 'Red'를 선택합니다. 붉은색 그래프가 표시되면 그래프를 드래그하는 방식으로 변경합니다. 그래프 곡선을 상단으로 올리면 이미지에 Red 톤이 증가하며, 하단으로 드래그하면 이미지에 Cyan 톤이 증가합니다.

인물과 겹쳐져 있는
피사체를 변경하려면?

인물과 교체하려는 특정 피사체가 겹쳐 있는 경우에는 기존의 포토샵 작업 방식으로는 쉽지 않으며, 완성되더라도 부자연스러운 결과물을 얻을 수 있습니다. 포토샵 AI 기능을 이용하면 키워드에 맞게 피사체를 교체한 합성 이미지를 얻을 수 있습니다. 뿐만 아니라, 피사체로 가려져 있던 인물 이미지를 가상으로 만들어 자연스러운 이미지 연출이 가능합니다. 예제에서 강아지를 안고 있는 인물 이미지에서 다른 피사체로 변경하면 인물의 손동작이나 가려져 있던 청바지까지 가상으로 변형되어 완성도 있는 합성 이미지를 얻을 수 있습니다.

BEFORE

예제 파일 : dog1.jpg
완성 파일 : dog1_완성.jpg

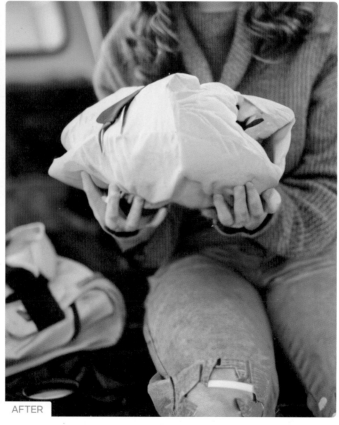

AFTER

❶ 프롬프트 창에 '돼지 가족으로 교체' 입력

❷ 프롬프트 창에 '여행 가방으로 교체' 입력

❸ 프롬프트 창에 '캠핑용품으로 교체' 입력

❹ 프롬프트 창에 '강아지 가족으로 교체' 입력

피사체 변경하기

01 포토샵에서 (File) → Open을 실행하고 소스 폴더에서 'dog1.jpg' 파일을 불러옵니다. 차 안에서 개를 안고 있는 인물 사진이 표시됩니다. Tools 패널의 올가미 도구(◯)로 개가 포함되도록 드래그하여 선택 영역을 지정합니다.

02 (Contextual Task Bar)의 (Generative Fill)을 클릭하여 프롬프트 창을 표시한 다음 '돼지 가족으로 대체'를 영문으로 번역하여 'Replace with a Pig Family'를 입력합니다. 개 이미지 대신 돼지 이미지로 변경되었습니다.

03 │ 동물 이미지 대신에 여행 가방으로 변경하기 위해 '여행 가방으로 대체'를 영문으로 번역하여 'Replace with a suitcase'를 입력합니다. 그림과 같이 여행 가방과 인물 손동작까지 자연스러운 합성 효과를 볼 수 있습니다.

04 │ 키워드를 여행 가방에서 캠핑용품으로 변경하여 'Replace with camping equipment'를 입력합니다. 그림과 같이 캠핑용품과 인물의 동작, 바지 형태까지 예측하여 합성한 이미지를 제시합니다.

이미지를 생성하여
배경 이미지를 확장하려면?

디자인 작업 시 도큐먼트 크기가 맞지 않아 이미지를 확장할 경우 여백이 생기기 마련입니다. 이럴 때 여백을 채우기 위해 기존 이미지 크기를 조정하여 채울 경우에는 이미지 비율과 해상도 문제가 발생하기도 합니다. 이러한 단점을 해결하기 위해 새롭게 선보이는 [Generative Fill] 기능을 이용하면 기존 이미지를 분석해 빈 여백을 추론하여 자연스럽게 이미지를 생성합니다.

BEFORE

예제 파일 : view.jpg
완성 파일 : view_완성.jpg

AFTER

❶ 세로 이미지를 투명 이미지로 가로 방향 확장

❷ (Generative Fill)을 클릭하고 입력 없이 (Generate) 클릭

❸ 원본과 연결된 다양한 형태의 이미지 생성

❹ Properties 패널에서 변형된 형태의 결 과물 선택

이미지 확장하기

01 | 포토샵에서 (File) → Open을 실행한 다음 소스 폴더에서 'view.jpg' 파일을 불러옵니다. 산 정상에 서 있는 세로 형태의 인물 사진이 표시됩니다. 사진의 오른쪽 영역을 확장하기 위해 먼저 Layers 패널에서 '자물쇠' 아이콘을 클릭하여 해제합니다.

02 | Tools 패널의 자르기 도구(🔲)를 선택하고 자르기 영역이 표시되면 오른쪽 조절점을 오른쪽으로 드래그한 다음 Enter를 누릅니다. 그림과 같이 빈 영역이 표시되면서 이미지가 확장됩니다.

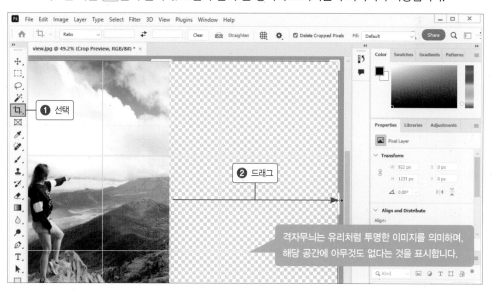

격자무늬는 유리처럼 투명한 이미지를 의미하며, 해당 공간에 아무것도 없다는 것을 표시합니다.

연결 이미지 생성하기

01 │ 빈 영역을 선택 영역으로 지정하기 위해 Tools 패널에서 사각형 선택 도구(▭)를 선택하고 빈 영역의 왼쪽 상단에서 오른쪽 하단으로 드래그하여 선택 영역을 지정합니다. 이때 원본 이미지 오른쪽 부분이 살짝 선택 영역에 포함되도록 합니다.

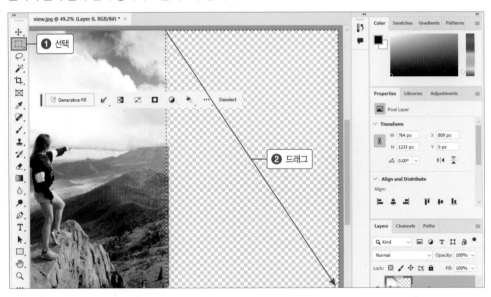

02 │ [Contextual Task Bar]의 [Generative Fill]을 클릭하여 프롬프트 창이 표시되면 입력창에 아무것도 입력하지 않은 상태에서 [Generate]를 클릭합니다.

03 │ 빈 영역에 원본 이미지를 연결하여 그림과 같이 풍경 이미지를 생성하였습니다.

04 │ Properties 패널에서 다양하게 생성된 풍경 이미지 섬네일을 선택하여 변형된 형태의 결과물을 얻을 수 있습니다.

반복 없이 한 번에
그러데이션 효과를 적용하려면?

지금까지 이미지에 그레이디언트 효과를 적용하려면 마음에 들 때까지 반복적으로 드래그하여
그러데이션이 적용된 효과를 확인해야 했습니다. 이제부터는 그러데이션에 안내선이 제공되어
그러데이션이 적용되는 위치와 영역을 조정할 수 있어 한 번에 그레이디언트 효과를 적용할 수
있습니다. 그러데이션이 적용되면 다양한 레이어 혼합 모드를 적용하여 독특한 색감의 이미지
제작이 가능합니다.

BEFORE

예제 파일 : snowboard.jpg
완성 파일 : snowboard_완성.jpg

AFTER

❶ 설원에서 스노보드를 타는 인물 원본 이미지 　　❷ 원형 그러데이션 : 〔Greens〕 – 〔Green_26〕

❸ 〔Green_26〕에서 혼합 모드를 Overlay로 지정 　　❹ 〔Purple_22〕에서 혼합 모드를 Overlay로 지정

안내선으로 그레이디언트 범위 지정하기

01 포토샵에서 (File) → Open을 실행한 다음 소스 폴더의 'snowboard.jpg' 파일을 불러옵니다. 스노보드를 타는 인물 사진이 표시됩니다. 그레이디언트 도구(▣)를 선택한 다음 상단 옵션바에서 'Radial Gradient' 아이콘을 클릭하고 'Purples' – 'Purple_14'를 선택한 다음 중심점을 클릭합니다.

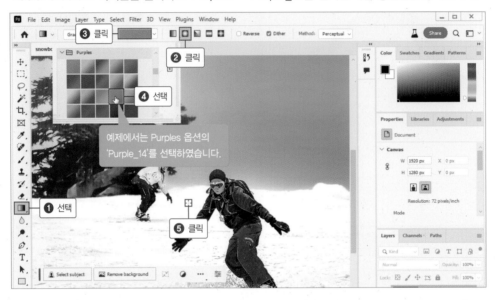

02 그레이디언트가 적용될 영역을 지정하기 위해 드래그하면, 그림과 같이 원형의 안내선이 표시됩니다. 옵션바에 지정된 그레이디언트 템플릿에 맞게 그러데이션이 화면에 적용됩니다.

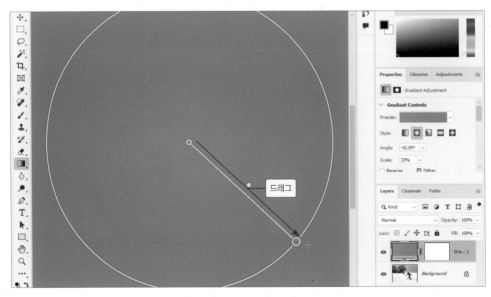

03 생성된 그레이디언트를 이미지와 혼합하기 위해 Layers 패널의 혼합 모드를 'Multiply'로 지정합니다. 그림과 같이 생성된 그레이디언트와 이미지가 합성됩니다.

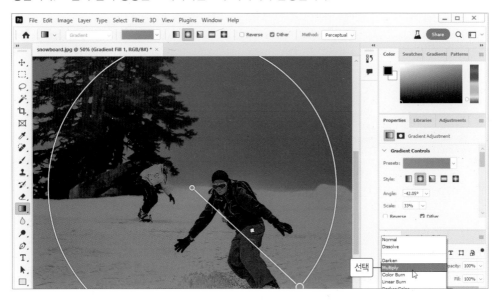

그레이디언트 효과 변경하기

01 그레이디언트 효과를 변경하기 위해 Properties 패널의 Presets 옵션에서 원하는 색감의 그러데이션을 선택합니다. 예제에서는 설원에 Blue와 Green 색감을 추가하기 위해 (Greens – Green_26)을 선택하였습니다.

02 │ Layers 패널의 혼합 모드를 'Overlay'로 지정하면 밝은 색상은 더 밝게, 회색 이미지는 투명하게 처리되어 눈은 흰색으로, 그림자나 하늘, 나무 부분은 Green과 Blue 색감이 혼합됩니다.

03 │ 다양한 그레이디언트를 표현하기 위해 Properties 패널의 Presets 옵션에서 원하는 색감의 그러데이션을 선택해 보세요. 독특한 그러데이션 효과가 적용된 이미지를 얻을 수 있습니다.

피부 보정과
표정을 **한** 번에 변경하려면?

기존 포토샵 작업 과정에서는 다양한 도구와 기술을 활용하여 인물 보정 작업을 수행합니다. 예를 들어, 주름이나 여드름 제거를 위해 복제 도구, Blur(블러) 필터, 힐링 브러시 도구 등을 사용합니다. 이러한 도구와 기술을 숙련된 포토샵 사용자가 다루면서 인물 사진에 자연스럽고 아름다운 보정 효과를 부여할 수 있습니다. 최근에는 인물 보정 작업에 대한 다양한 자동화 및 AI 기술이 도입되고 있습니다. 이를 통해 더 효율적이고 정교한 인물 보정 작업을 할 수 있으며, 실시간으로 사진을 편집하거나 필요에 따라 자동으로 보정을 적용하는 기능도 제공하고 있습니다. 피부 보정과 더불어 인물의 표정을 변경해 보겠습니다.

BEFORE

원본 이미지 : face.jpg
완성 이미지 : face_완성.jpg

AFTER

❶ 양쪽 볼 부분의 피부 트러블과 경직된
표정의 원본 이미지

❷ 블러와 부드러움을 제공하는 뉴럴 필터
로 피부 보정

❸ 미소를 짓는 듯한 입술과 가상 치아로
표정 변경

❹ 눈동자 위치를 오른쪽 상단으로 이동
시켜 눈빛 변경

피부 보정하기

01 | 포토샵에서 (**File**) → **Open**을 실행한 다음 소스 폴더에서 'face.jpg' 파일을 불러옵니다. 양쪽 볼 부분의 피부 트러블을 피부 보정 기능으로 보정해 보겠습니다.

02 | 포토샵 AI 기능을 이용해서 피부를 손쉽게 보정하기 위해 (**Help**) → **Photoshop Help**를 실행합니다.

03 | Discover 대화상자가 표시되면 테마별 이미지 보정 명령을 제공하는 (Quick actions)를 선택합니다.

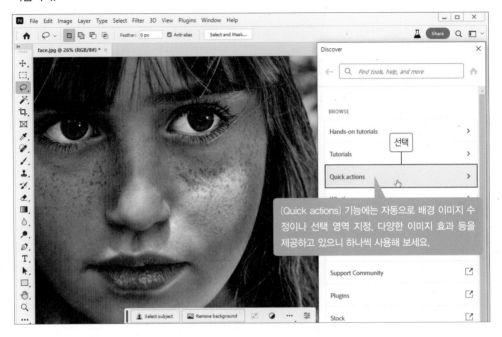

(Quick actions) 기능에는 자동으로 배경 이미지 수정이나 선택 영역 지정, 다양한 이미지 효과 등을 제공하고 있으니 하나씩 사용해 보세요.

04 | 빠르게 피부를 보정하기 위해 (Smooth skin)을 선택합니다.

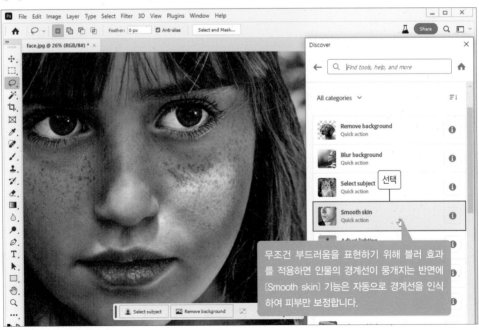

무조건 부드러움을 표현하기 위해 블러 효과를 적용하면 인물의 경계선이 뭉개지는 반면에 (Smooth skin) 기능은 자동으로 경계선을 인식하여 피부만 보정합니다.

05 │ 일부분만 보정되면 자칫 부자연스럽기 때문에 마치 신경이 연결되어 있듯이 전반적으로 자연스러운 보정이 필요합니다. 뉴럴 필터를 실행하기 위해 (Neural Filters)를 선택합니다.

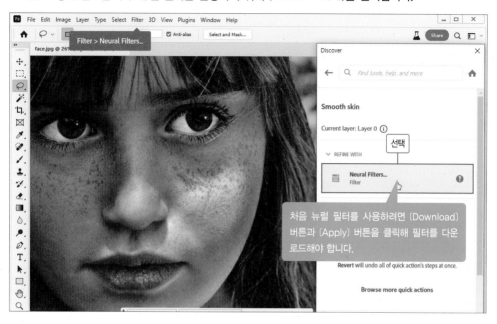

06 │ 기본으로 인물의 피부가 보정된 것을 확인할 수 있습니다. (Skin Smoothing) 옵션을 이용해 더 깨끗하게 보정해 보겠습니다.

07 │ Blur와 Smoothness를 각각 '100'으로 설정합니다. 그림과 같이 블러 효과와 부드러움이 적용되어 피부가 더 매끄러워졌습니다.

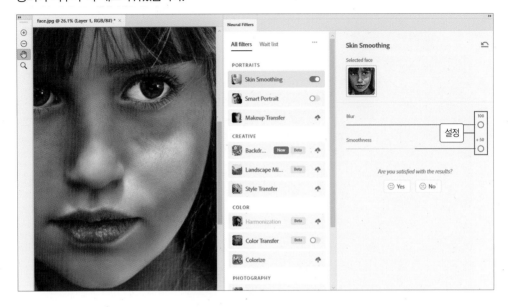

표정 변화시키기

01 │ 인물 표정을 변경하기 위해 (Smart Potrait) 활성화 아이콘을 클릭하여 활성화합니다. 오른쪽 화면에 인물 표정에 대한 수정 옵션이 표시됩니다.

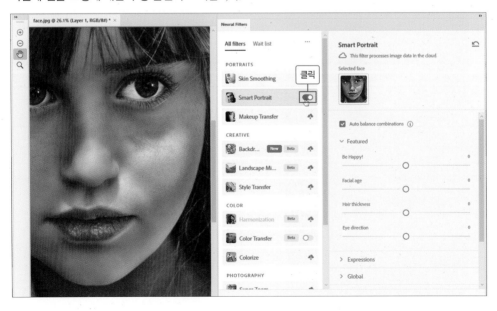

02 | 미소 짓는 표정을 만들기 위해 Be Happy! 수치를 증가시킵니다. 예제에서는 '18'로 설정했습니다. AI 기능이 가상의 인공 치아까지 표현한 것을 확인할 수 있습니다.

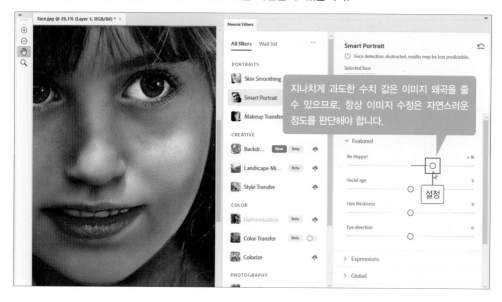

03 | 눈동자 위치를 변경하기 위해 Eye direction을 '22'로 설정했습니다. 눈동자 방향이 오른쪽 상단으로 이동한 것을 확인할 수 있습니다. 수정이 완료되면 (OK) 버튼을 클릭합니다.

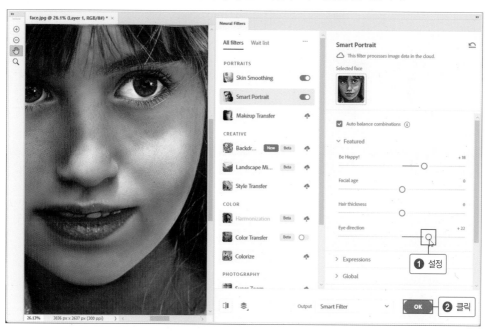

필수 예제로 배운다!

현장에서 사용하는
포토샵 AI 실무 실습

단순한 포토샵 AI 기능의 호기심을 넘어 제대로 실무 디자인 작업에 적용시키는 방법을 소개합니다. 항상 번거로웠던 그레이디언트 효과를 효율적으로 접목한 접지 리플릿 작업부터 자연스러운 합성을 위한 캘린더 디자인, 다양한 디자인 요소를 AI 기능으로 생성하면서 만드는 표지 디자인, 독특한 아트풍의 이미지 생성으로 완성된 패키지 디자인까지 실무 예제를 학습해 보세요.

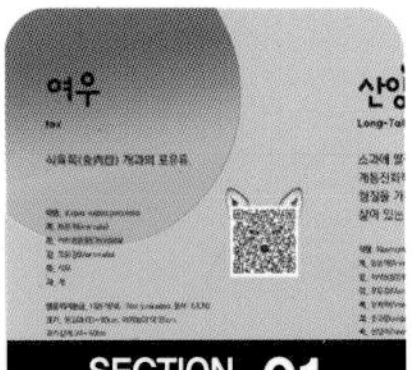

SECTION 01

New! 그레이디언트를 이용한 **리플릿 디자인**

포토샵의 새로운 그레이디언트 기능은 원본 이미지를 손상시키지 않으면서 색상을 자유롭게 조정할 수 있어 이제 번거로웠던 그레이디언트 효과도 자유롭게 적용할 수 있습니다. 다음의 예제는 그레이디언트 영역과 텍스트 효과가 돋보이는 3단 접지 리플릿 디자인입니다. 그레이디언트 기능으로 디자인에 포인트를 주고, QR 코드를 생성한 후 텍스트 효과를 적용합니다. 또한, 포토샵 AI 기능을 활용해 필요한 이미지를 생성하여 기존 이미지와 조화롭게 조합해서 리플릿 예제를 완성합니다.

예제 및 완성 파일 : 리플릿 폴더

❶ 3단 접지 리플릿 판형 만들기

❷ 그레이디언트를 추가해 이미지와 레이아웃하기

❸ 동물 이름과 본문 내용 디자인하기

❹ QR 코드 생성하여 디자인하기

❺ 프롬프트를 이용하여 꿀단지와 풀꽃 이미지 생성하기

❻ 리플릿 디자인 완성하기

3단 접지 리플릿 판형 만들기

01 │ 포토샵에서 (File) → New(Ctrl+N)를 실행합니다. New Document 대화상자가 표시되면 (Print) 탭을 선택하고 Width를 '297Millimeters', Height를 '210Millimeters', Resolution을 '300Pixels/Inch', Color Mode를 'CMYK Color'로 지정한 다음 (Create) 버튼을 클릭합니다.

알아두기 **3단 접지 리플릿의 바깥쪽 면과 안쪽 면 구조**

A4 3단 접지에서 3p와 5p가 제일 안쪽으로 접혀 들어가는 면으로 다른 쪽보다 3mm 정도 작아야 접히는 면이 구겨지는 것을 방지할 수 있습니다. 전체 판형 크기는 재단 크기보다 사방으로 3mm씩 크게 만들어야 합니다. 판형 크기에 3mm씩 여유를 주는 이유는 출력된 인쇄물을 기계로 재단할 때 오차가 발생할 수 있기 때문입니다.

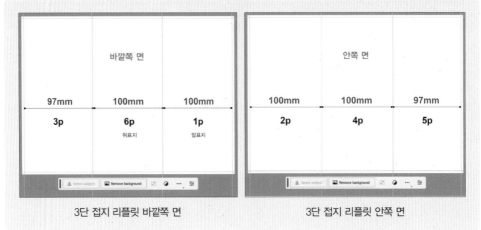

3단 접지 리플릿 바깥쪽 면   3단 접지 리플릿 안쪽 면

02 리플릿의 바깥쪽 면과 안쪽 면을 디자인하기 위해 판형에 안내선으로 3단 그리드를 구성합니다. Ctrl+R을 눌러 눈금자를 표시한 다음 왼쪽 눈금자를 오른쪽으로 두 번 드래그하여 97mm와 197mm 위치에 각각 안내선을 만듭니다.

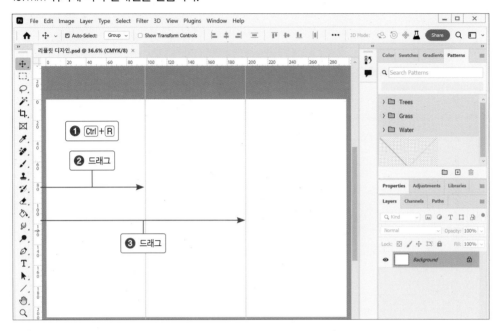

알아두기 눈금자 단위 변경하기

눈금자 단위를 변경하려면 먼저 (Edit) → Preferences → Units & Rulers를 실행합니다. Preferences 대화상자가 표시되면 Units 항목의 Rulers에서 원하는 단위를 지정하고 (OK) 버튼을 클릭하면 눈금자 단위가 변경됩니다.

03 판형 크기를 재단 크기보다 사방으로 3mm씩 크게 만들기 위해 먼저 (Image) → Canvas Size([Alt]+[Ctrl]+[C])를 실행합니다.

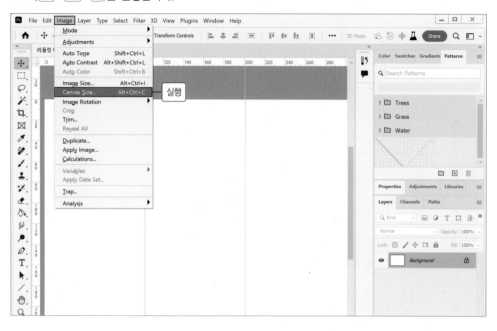

04 Canvas Size 대화상자가 표시되면 Anchor를 중앙으로 지정한 상태에서 Width를 '303Millimeters', Height를 '216Millimeters'로 설정한 다음 (OK) 버튼을 클릭합니다.

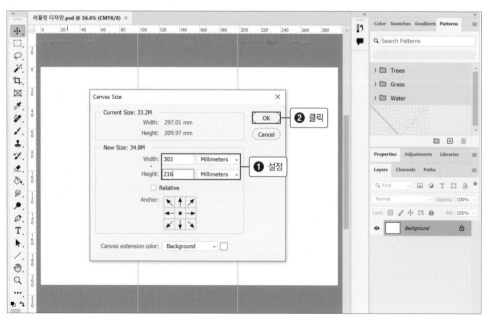

05 │ A4 판형에서 사방으로 3mm씩 여백이 추가되었습니다.

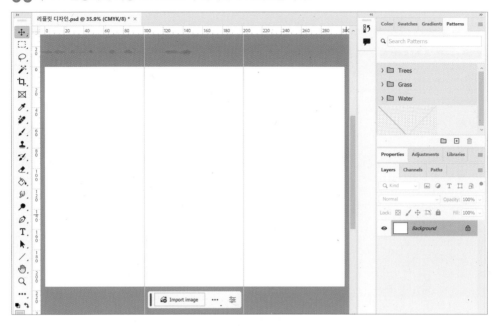

06 │ 리플릿 재단선에 그리드를 구성합니다. 왼쪽 눈금자를 오른쪽으로 3mm와 300mm 위치에 각각 드래그해 안내선을 만듭니다. 위쪽 눈금자를 아래쪽으로 3mm와 213mm 위치에 각각 드래그하여 안내선을 만듭니다. 이때 바깥쪽 면과 안쪽 면의 판형은 같습니다.

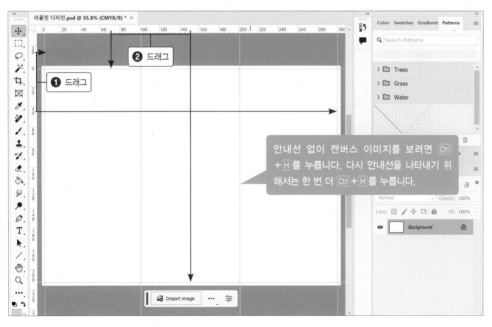

밋밋한 동물 이미지에 텍스처 적용하기

01 ┃ (File) → **Place Embedded**를 실행한 다음 Place Embedded 대화상자가 표시되면 '리플릿' 폴더에서 '사슴'을 선택하고 (Place) 버튼을 클릭합니다.

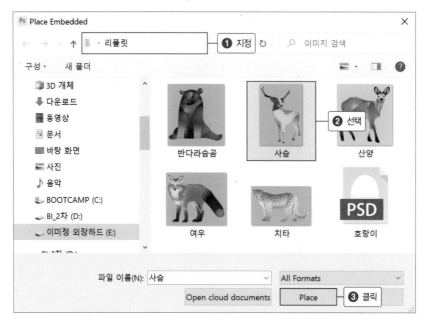

02 ┃ '사슴' 이미지가 판형에 삽입되면 Enter를 눌러 선택 상태를 해제합니다. 이미지를 선택하고 배경을 삭제하기 위해 (Contextual Task Bar)의 (Remove Background)를 클릭합니다.

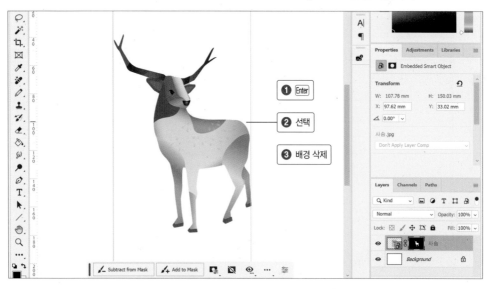

03 │ Layers 패널에서 'Create a new layer' 아이콘(□)을 클릭하여 새로운 레이어를 생성하고 이름을 '사슴 텍스처'로 변경합니다. Ctrl+Alt+G를 누르거나 마우스 오른쪽 버튼을 클릭한 다음 **Create Clipping Mask**를 실행합니다. Tools 패널에서 사각형 선택 도구(⬚)를 선택하고 드래그 해 그림과 같이 사각형 선택 영역을 지정합니다.

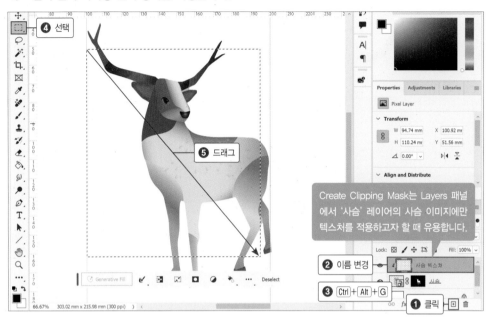

04 │ 사각형 선택 영역에 전경색을 적용하기 위해 Tools 패널에서 전경색을 '검은색'으로 지정하고 Alt+Delete를 누릅니다.

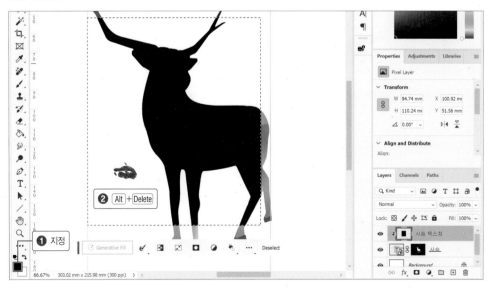

05 | 텍스처를 만들기 위해 (**Filter**) → **Noise** → **Add Noise**를 실행합니다.

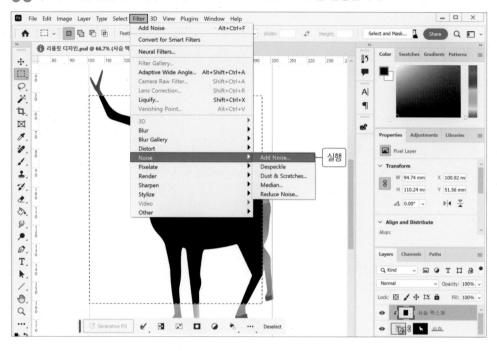

06 | Add Noise 대화상자가 표시되면 Amount를 '400%'로 설정하고, Distribution 항목에서 'Uniform'을 선택한 다음 (OK) 버튼을 클릭합니다.

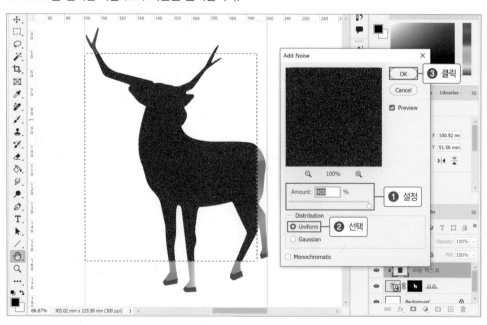

07 │ 노이즈 텍스처를 확대하기 위해 먼저 [Ctrl]+[T]를 누릅니다. 옵션바에서 W와 H를 각각 '200%'로 설정하여 크기를 확대한 다음 [Enter]를 누릅니다.

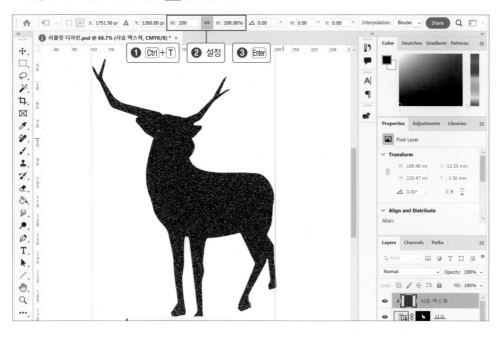

08 │ 사슴 이미지에 텍스처를 자연스럽게 넣기 위해 Layers 패널에서 Opacity를 '15%', Fill을 '75%'로 설정합니다. 같은 방법으로 동물 사진들을 가져온 다음 텍스처를 적용합니다.

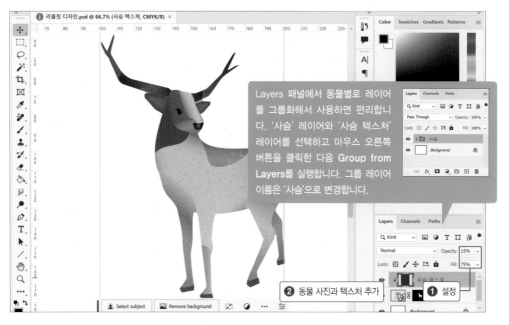

> Layers 패널에서 동물별로 레이어를 그룹화해서 사용하면 편리합니다. '사슴' 레이어와 '사슴 텍스처' 레이어를 선택하고 마우스 오른쪽 버튼을 클릭한 다음 Group from Layers를 실행합니다. 그룹 레이어 이름은 '사슴'으로 변경합니다.

그레이디언트 만들어 이미지와 레이아웃하기

01 │ 배경 전체에 색상을 넣기 위해 먼저 Layers 패널에서 'Background' 레이어를 선택합니다. 전경색을 'C:5%, M:10%, Y:100%, K:0%'로 지정하고 Alt + Delete 를 눌러 색을 채웁니다. 원형 선택 도구(○)를 선택한 다음 Shift 를 누른 채 드래그하여 정원의 선택 영역을 지정합니다.

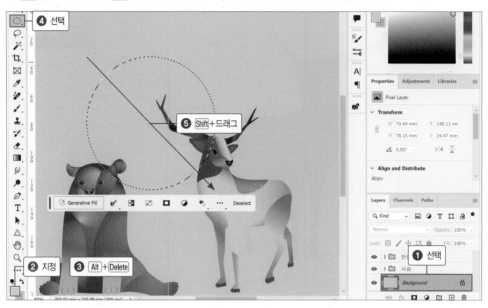

02 │ Tools 패널에서 그레이디언트 도구(■)를 선택합니다. 기존 그레이디언트를 사용하기 위해 옵션바에서 'Gradient Presets'를 클릭하고 'Purples'를 선택한 다음 'Purple_02'를 선택합니다. 정원 선택 영역 내 아래쪽을 클릭한 다음 위쪽으로 드래그합니다.

그레이디언트 색상 변경하기

그레이디언트 색상을 변경하려면 캔버스의 그레이디언트 위젯에서 색상 정지점(원형 영역)을 두 번 클릭하여 Color Picker 대화상자를 이용해 색상을 변경합니다.

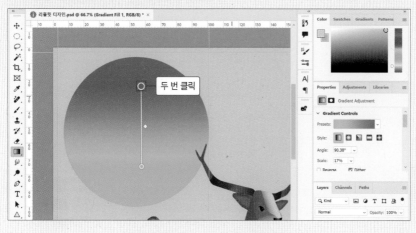

03 │ 사각형 선택 도구(□)를 선택하고 드래그하여 사각형 선택 영역을 지정합니다. 그레이디언트 색상을 만들어 적용하기 위해 먼저 전경색과 배경색을 지정합니다. 그레이디언트 도구(■)를 선택한 다음 옵션바에서 'Gradient Presets'를 클릭하고 'Basics'를 선택합니다. 'Foreground to Background'를 선택하고 사각형 선택 영역 왼쪽을 클릭한 다음 오른쪽으로 드래그합니다.

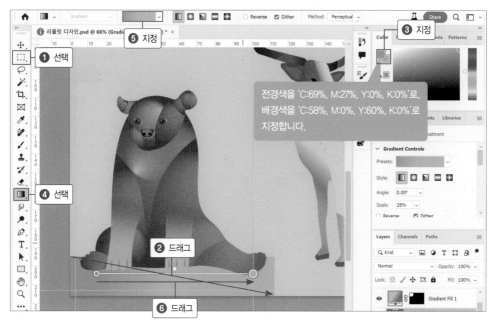

04 │ 같은 방법으로 '사슴' 이미지 뒤에 정원과 타원형 그레이디언트 3개를 추가한 다음 동물 이미지와 잘 어울리도록 레이아웃합니다.

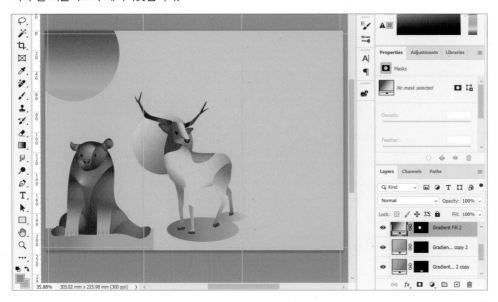

동물 이름과 본문 내용 디자인하기

01 │ '리플릿' 폴더에서 '동물 텍스트.hwp' 한글 파일을 열고 동물 이름을 드래그하여 선택한 다음 Ctrl+C를 눌러 복사합니다. 포토샵에서 Tools 패널의 문자 도구(T.)를 선택하고 왼쪽 위 원을 클릭한 다음 Ctrl+V를 눌러 복사한 문자를 붙여넣습니다.

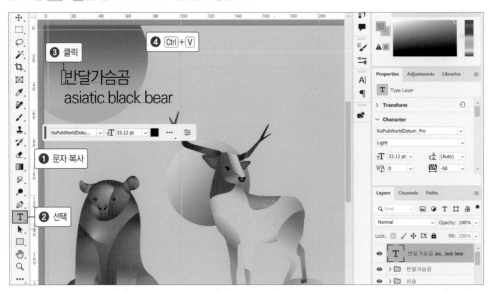

02 | '반달가슴곰' 문자를 선택하고 Character 패널에서 글꼴을 'CreHearttree', 글꼴 스타일을 'M', 글자 크기를 '48pt', 자간을 '-100', 색상을 '검은색'으로 지정합니다. 아랫줄 영문을 선택한 다음 글꼴을 'CreHearttree', 글꼴 스타일을 'M', 글자 크기를 '18pt', 자간을 '-25'로 설정합니다.

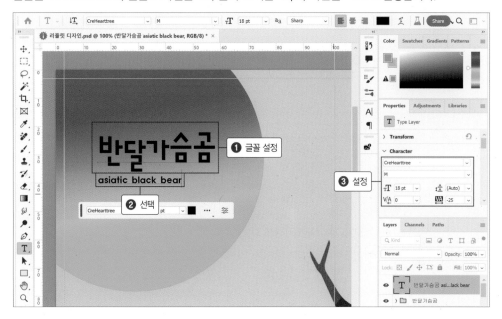

03 | '동물 텍스트.hwp' 한글 파일에서 본문 내용을 드래그한 다음 Ctrl+C를 눌러 복사합니다. 포토샵의 캔버스를 클릭하고 Ctrl+V를 눌러 본문 내용을 붙여넣습니다.

04 | '식육목~지정되었다.'를 선택하고 Character 패널에서 글꼴을 'KoPubWorldDotum_Pro', 글꼴 스타일을 'Medium', 글자 크기를 '11pt', 행간을 '16'으로 설정합니다.

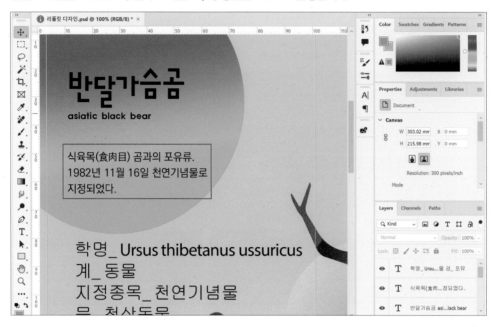

05 | 이어서 본문을 선택하고 Character 패널에서 글꼴을 'KoPubWorld Dotum_Pro', 글꼴 스타일을 'Medium', 글자 크기를 '7pt', 행간을 '12', 자간을 '−50'으로 설정합니다. 본문 앞쪽의 '학명, 계' 등의 분류를 각각 선택한 다음 글꼴 스타일을 'Bold'로 지정합니다.

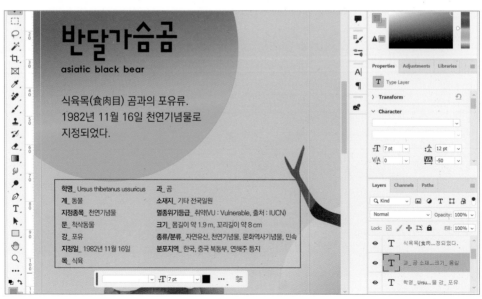

06 | 같은 방법으로 '대륙사슴' 페이지 내용도 디자인합니다.

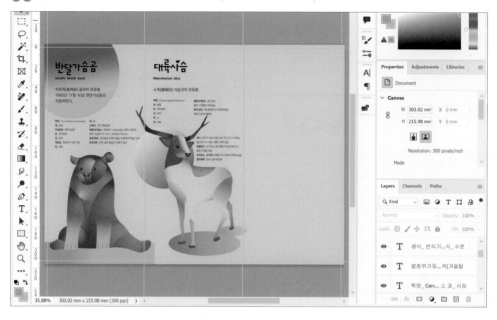

QR 코드 생성하여 디자인하기

01 | 어도비 익스프레스(Adobe Express)에 접속하고 메뉴에서 빠른 작업을 선택한 후 'QR 코드 생성'을 선택합니다. QR 코드 생성 창이 표시됩니다.

02 │ URL을 추가하기 위해 검색 사이트에서 '반달가슴곰' URL을 선택하고 Ctrl + C 를 눌러 복사합니다.

03 │ 어도비 익스프레스(Adobe Express)에서 링크 항목의 URL 입력 또는 붙여넣기에서 Ctrl + V 를 눌러 URL 주소를 붙여 넣습니다. QR 코드가 변경되면 QR 코드의 스타일, 색상, 파일 포맷을 선택할 수 있습니다. 파일 포맷을 'JPG'로 지정한 다음 (다운로드) 버튼을 클릭합니다. 내 PC의 다운로드 폴더에 QR 코드가 저장됩니다.

04 | 포토샵에서 [File] → Place Embedded를 실행해 '리플릿' 폴더에서 '반달가슴곰 QR 코드'를 선택하고 [Place] 버튼을 클릭하여 불러옵니다.

05 | 같은 방법으로 '리플릿' 폴더에서 '반달가슴곰 눈'을 불러오고 QR 코드에 맞게 배치합니다.

QR 코드는 30% 이하 손상되어도 인식할 수 있는 기능이 있으며, 기준점 모서리 3개의 네모난 점으로 인식하여 어느 방향에서든지 인식할 수 있습니다.

06 Layers 패널에서 'Create a new layer' 아이콘(⬚)을 클릭하여 새로운 레이어를 생성하고 '반달가슴곰 눈' 레이어 아래로 이동합니다. 전경색을 '흰색'으로 지정한 다음 브러시 도구(✏)로 눈, 코와 겹치는 QR 코드를 칠해 지웁니다.

흰색 브러시 도구(✏)로 칠할 때 Layers 패널에서 '반달가슴곰 QR 코드' 레이어 위에 새로운 레이어를 생성해야 QR 코드가 흰색으로 가려집니다.

④ 선택
⑤ 지우기
③ 지정
② 이동
① 클릭

07 사각형 선택 도구(▢)를 선택하고 Layers 패널에서 '반달가슴곰 눈' 레이어에서 양쪽 귀 부분을 드래그하여 사각형 선택 영역을 지정합니다. Ctrl+X를 눌러 잘라낸 다음 Shift+Ctrl+V를 눌러 현재 위치에 붙여넣습니다. 양쪽 귀 이미지의 'Layer 2' 레이어를 '반달가슴곰 QR 코드' 레이어 아래로 이동합니다.

Layers 패널에서 반달가슴곰 QR 코드와 연관된 레이어를 모두 선택한 다음 마우스 오른쪽 버튼을 클릭하고 **Group from Layers**를 실행합니다. New Group from Layers 대화상자가 표시되면 Name에 '반달가슴곰 QR 코드'를 입력하여 그룹 폴더로 관리하면 편리합니다.

08 Layers 패널에서 '반달가슴곰 QR 코드' 레이어를 선택한 다음 마술봉 도구(⚡)를 선택하고 검은색을 클릭합니다. (Select) → Similar를 실행한 다음 전경색을 'C:85%, M:35%, Y:45%, K:0%'로 지정하고 (Alt)+(Delete)를 누릅니다. 같은 방법으로 사슴을 비롯한 동물들의 QR 코드를 디자인합니다.

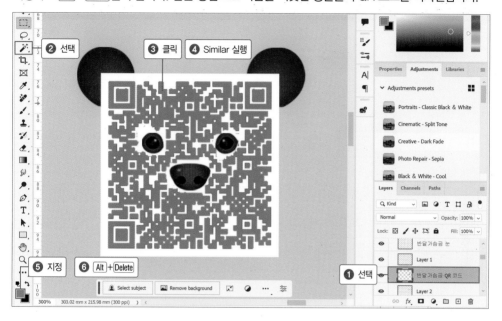

리플릿 표지 디자인하기

01 표지 제목인 'ANIMAL'을 디자인하기 위해 어도비 익스프레스(Adobe Express)에서 (사용자 정의 크기) 버튼을 클릭한 다음 폭을 '21cm', 높이를 '15cm'로 설정하고 (새 프로젝트 만들기) 버튼을 클릭합니다.

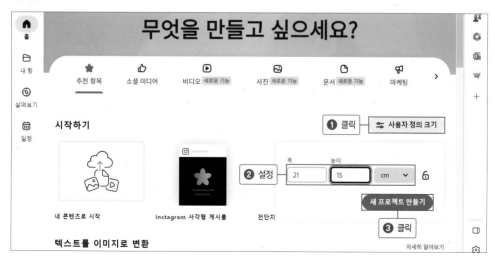

02 | 새로운 프로젝트가 만들어집니다. 메뉴에서 '텍스트'를 선택하고 (텍스트 추가) 버튼을 클릭합니다.

03 | 한글로 '새 텍스트 추가'가 입력되면 드래그하여 선택한 다음 대문자로 'ANIMAL'을 입력합니다. 'ANIMAL'을 드래그하여 선택하고 텍스트 스크롤 바를 내려 '텍스트 효과'를 선택한 다음 글꼴을 클릭하여 'Source Sans'를 선택합니다.

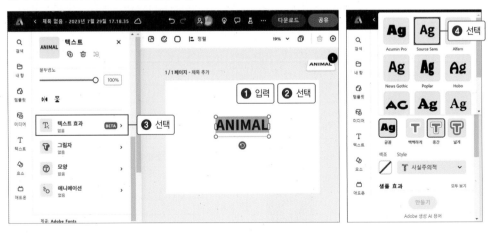

04 │ 샘플 효과에서 '모두 보기'를 클릭하고 스크롤 바를 아래로 내려 동물 항목에서 '무지개 털'을
선택하면 텍스트에 이미지가 적용됩니다. 'ANIMAL' 영문 모서리를 드래그하여 제목을 확대합니다.

05 │ [다운로드] 버튼을 클릭한 다음 파일 포맷을 'PNG(이미지에 최적)'으로 지정하고 [다운로드]
버튼을 클릭합니다.

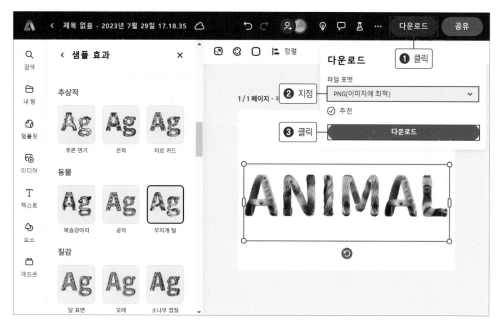

06 │ 포토샵에서 (File) → **Place Embedded**를 실행한 다음 Place Embedded 대화상자가 표시되면 '리플릿' 폴더의 'ANIMAL 제목'을 선택하고 (Place) 버튼을 클릭해 불러옵니다. (Contextual Task Bar)의 (Remove background)를 클릭하여 배경을 삭제합니다.

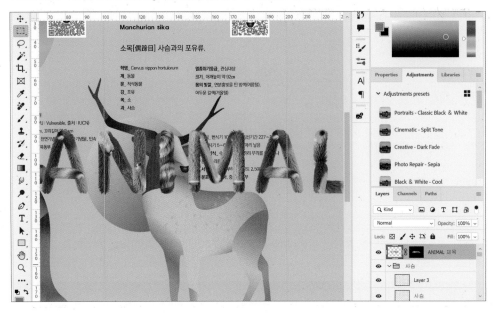

07 │ 사각형 선택 도구(▭)를 선택하고 'A'를 드래그하여 선택 영역을 만듭니다. Ctrl+X를 눌러 잘라낸 다음 Ctrl+V를 눌러 붙여넣습니다. 같은 방법으로 나머지 알파벳도 레이어를 분리하여 레이아웃합니다.

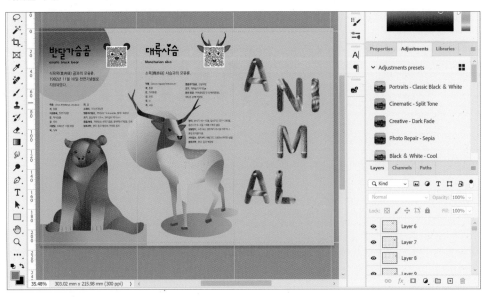

08 | 사각형 선택 도구(▢)로 알파벳 왼쪽 빈 여백에 드래그해 그림과 같이 사각형 선택 영역을 지정합니다. 그레이디언트 도구(▨)를 선택하고 옵션바에서 'Angle Gradient'를 클릭합니다. 'Gradient Presets'를 클릭하고 'Purples'를 선택한 다음 'Purple_02'를 선택합니다. 사각형 선택 영역에서 중앙을 클릭하고 오른쪽으로 드래그합니다.

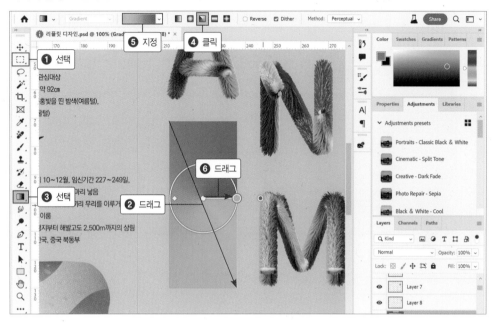

09 | 문자 도구(T)로 리플릿에 들어가는 동물들 이름을 표지에 입력합니다. 입력한 문자를 드래그하여 선택한 다음 Character 패널에서 글꼴을 'CreHearttree', 글꼴 스타일을 'M', 글자 크기를 '18pt', 자간을 '−100'으로 설정합니다.

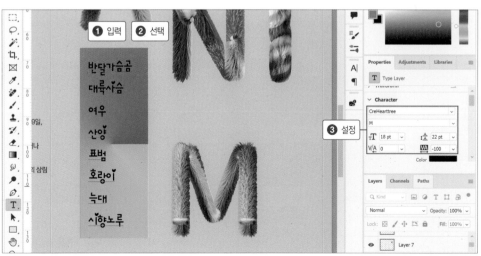

10 | 소제목과 로고, QR 코드를 가져와 표지를 보기 좋게 레이아웃합니다.

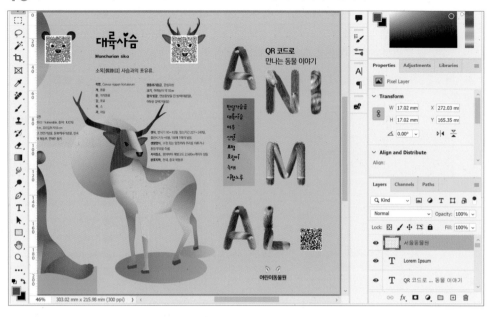

프롬프트를 이용하여 꿀단지와 풀꽃 이미지 생성하기

01 | '반달가슴곰' 위에 꿀단지를 생성하기 위해 Tools 패널에서 올가미 도구(🔾)를 선택하고 꿀단지가 위치할 영역을 드래그하여 선택 영역으로 지정합니다. [Contextual Task Bar]의 [Generative Fill]을 클릭하여 프롬프트 창을 표시합니다.

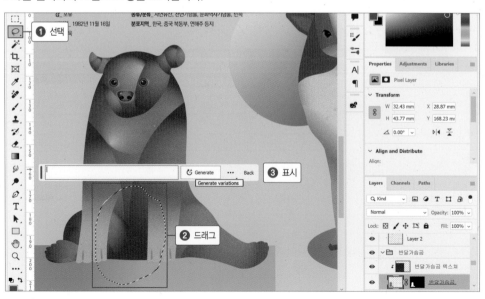

02 │ 프롬프트 창에 '꿀단지'를 영문으로 번역하여 'honey pot'을 입력하고 〔Generate〕를 클릭합니다. '반달가슴곰' 위에 꿀단지가 생성됩니다.

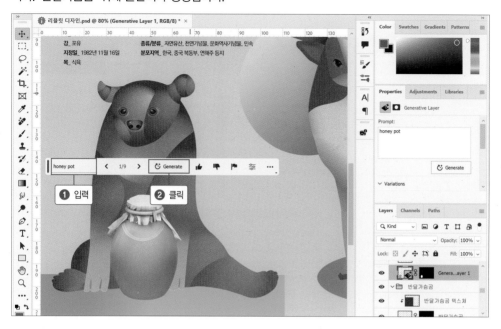

03 │ 사슴 다리 왼쪽에 풀꽃을 생성하기 위해 올가미 도구(🔾)로 풀꽃이 위치할 영역을 드래그해서 선택 영역으로 지정합니다. 〔Contextual Task Bar〕의 〔Generative Fill〕을 클릭하여 프롬프트 창을 표시합니다.

04 | 프롬프트 창에 '풀꽃'을 영문으로 번역하여 'grass flower'를 입력하고 (Generate)를 클릭합니다. 사슴 다리 왼쪽에 풀꽃이 생성됩니다.

리플릿 안쪽 면 디자인하기

01 | 안쪽 면 캔버스를 만들기 위해 먼저 (File) → **Save As**를 실행하여 저장합니다. Layers 패널에서 그레이디언트와 텍스트, 사슴 텍스처만 남겨두고 모든 레이어를 삭제합니다.

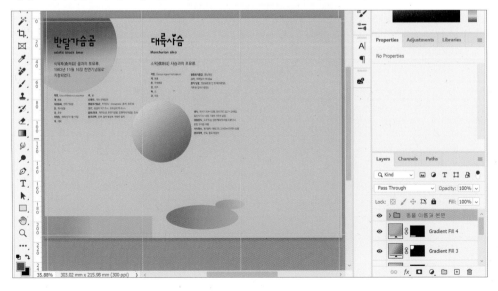

02 〔File〕 → **Place Embedded**를 실행하여 '리플릿' 폴더에서 '여우'를 불러옵니다. '여우' 레이어에서 배경을 삭제하기 위하여 〔Contextual Task Bar〕의 〔Remove background〕를 클릭해 삭제합니다.

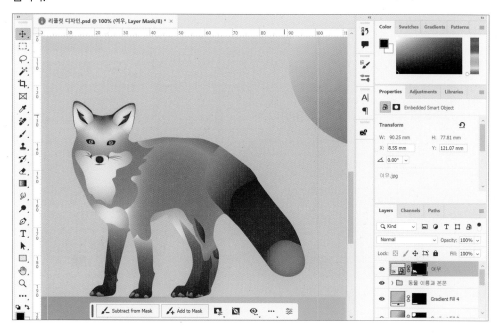

03 같은 방법으로 '산양'과 '표범' 이미지도 가져오고 배경을 삭제한 다음 레이아웃합니다.

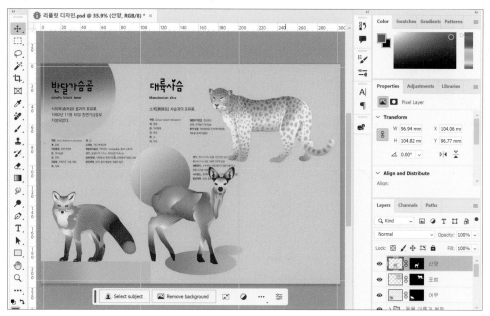

04 동물 이미지에 텍스처를 적용하기 위해 바깥쪽 면 디자인의 Layers 패널에서 '사슴 텍스처' 레이어를 '여우' 레이어 위로 이동하고 Ctrl+Alt+G를 누른 다음 '여우 텍스처'로 변경합니다. 같은 방법으로 '산양'과 '표범'에도 텍스처를 적용합니다.

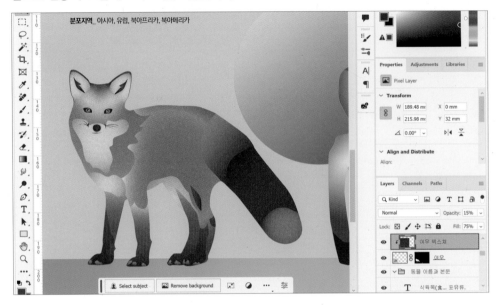

05 그레이디언트 위치와 색상을 수정합니다. 동물 이름과 본문 내용을 수정하기 위해 '리플릿' 폴더에서 '동물 텍스트.hwp' 한글 파일을 열고 텍스트를 드래그하여 선택한 다음 Ctrl+C를 눌러 복사합니다. 포토샵에서 문자 도구(T.)를 선택하고 캔버스를 클릭한 다음 Ctrl+V를 눌러 붙여넣습니다.

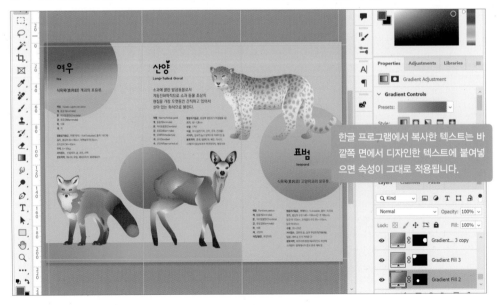

한글 프로그램에서 복사한 텍스트는 바깥쪽 면에서 디자인한 텍스트에 붙여넣으면 속성이 그대로 적용됩니다.

06 QR 코드를 삽입하기 위해 (File) → Open(Ctrl+O)을 실행합니다. 열기 대화상자가 표시되면 '리플릿' 폴더에서 '여우 QR 코드.psd'를 선택하고 (열기) 버튼을 클릭합니다. 같은 방법으로 '산양'과 '표범'의 QR 코드도 불러옵니다.

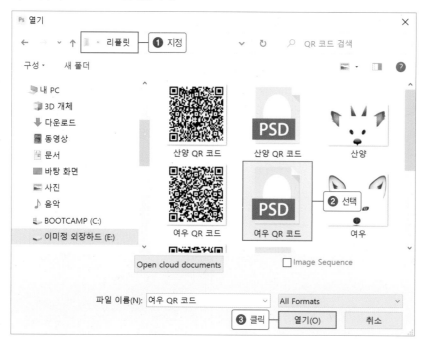

07 '여우 QR 코드' 캔버스에서 QR 코드를 드래그하여 리플릿 디자인 캔버스로 이동합니다. 같은 방법으로 '산양'과 '표범'의 QR 코드를 이동하여 레이아웃해서 완성합니다.

이미지 확장으로 만든
벽걸이 캘린더 디자인

영역이 정확하게 구분되는 디자인 작업을 하다 보면 너무 정형적인 프레임의 디자인 결과물이 나올 수 있습니다. 이러한 한계를 극복하기 위해서는 AI 기능으로 이미지를 확장하여 고정적인 프레임에서 벗어나 자유로운 펜 선을 이용하여 구성 요소를 자유롭게 배치하는 것도 하나의 방법입니다. 예제에서는 포토샵의 AI 기능을 활용하여 이미지 상단의 머리와 하단의 손가락 부분을 확장하기 위해 캔버스를 확장한 다음 빈 영역을 선택한 후 이미지를 채웁니다. 이 과정은 별도의 프롬프트 입력 없이 간단하게 사실적인 결과물을 얻을 수 있습니다. 또한 점과 선 패턴을 만들어 콜라주 기법의 이미지를 추가하여 벽걸이 캘린더 디자인을 완성합니다.

○ 예제 및 완성 파일 : 캘린더 폴더

❶ 이미지 확장하여 생성형 채우기

❷ 펜 도구로 콜라주 기법의 면 그리기

❸ 패스를 이용하여 면에 색상 적용하기

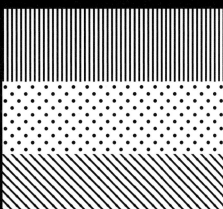

❹ 점과 선 패턴 만들어 등록하기

❺ 점과 선 패턴 적용하여 콜라주 기법 만들기

	SUN	MON	TUE	WED	THU	FRI	SAT
8 August 2024					1	2	3
	4	5	6	7	8	9	10
	11	12	13	14	15	16	17
	18	19	20	21	22	23	24
	25	26	27	28	29	30	31

❻ 벽걸이 캘린더 숫자판 디자인하기

이미지 확장하여 생성형 채우기

01 │ 포토샵에서 (File) → Open을 실행한 다음 열기 대화상자가 표시되면 '캘린더' 폴더의 '여성 모델'을 선택하고 (열기) 버튼을 클릭합니다.

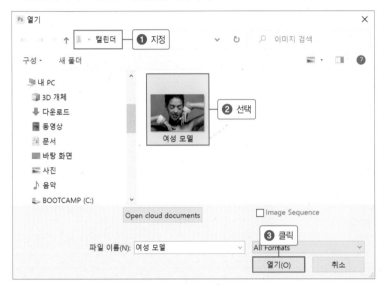

02 │ Layers 패널에서 'Background' 레이어를 일반 레이어로 변경합니다. (Image) → Canvas Size((Ctrl)+(Alt)+(C))를 실행하여 Canvas Size 대화상자가 표시되면 Anchor가 중앙으로 지정된 상태에서 Height를 '420Millimeters'로 설정한 다음 (OK) 버튼을 클릭합니다.

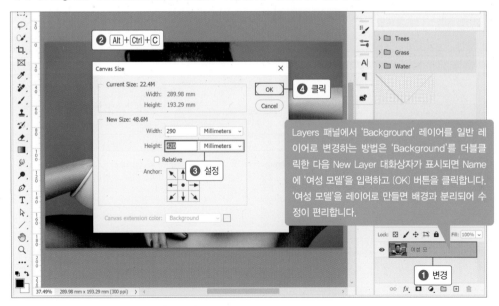

Layers 패널에서 'Background' 레이어를 일반 레이어로 변경하는 방법은 'Background'를 더블클릭한 다음 New Layer 대화상자가 표시되면 Name에 '여성 모델'을 입력하고 (OK) 버튼을 클릭합니다. '여성 모델'을 레이어로 만들면 배경과 분리되어 수정이 편리합니다.

03 │ 이미지를 확장하기 위해 Tools 패널에서 사각형 선택 도구(▣)를 선택한 다음 이미지 위쪽에 드래그합니다. [Contextual Task Bar]의 [Generative Fill]을 클릭하여 프롬프트 창이 표시되면 [Generate]를 클릭합니다.

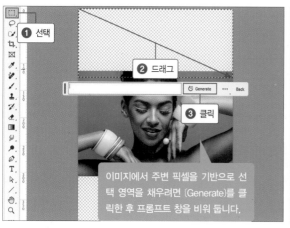

04 │ 손가락 부분만 이미지를 확장하기 위해 올가미 도구(♀)로 손가락이 위치할 영역을 드래그하여 선택 영역으로 지정합니다. [Contextual Task Bar]의 [Generative Fill]을 클릭하여 프롬프트 창이 표시되면 [Generate]를 클릭합니다.

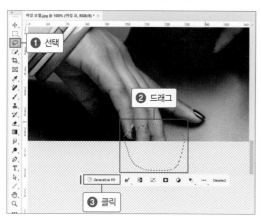

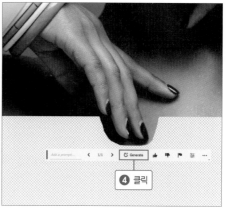

알아두기 이미지 확장하는 두 가지 방법

❶ [Image] → Canvas Size를 실행하여 확장한 다음 빈 영역을 선택하고 생성형 채우기를 적용합니다.

❷ Tools 패널에서 자르기 도구를 선택하여 모서리나 가장자리 핸들을 바깥쪽으로 드래그하여 캔버스 크기를 확장합니다. 사각형 선택 도구를 선택하여 확장할 부분을 선택 영역으로 지정한 다음 [Contextual Task Bar]의 [Generative Fill]을 클릭하여 이미지를 채웁니다.

05 | Layers 패널에서 '여성 모델'과 'Generative Layer 1', 'Generative Layer 2' 레이어를 선택한 다음 '패널 메뉴' 아이콘(≡)을 클릭하고 Merge Visible을 실행합니다.

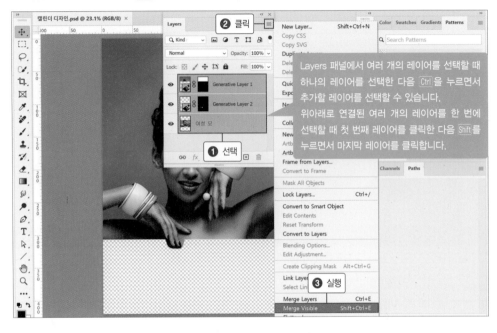

06 | 레이어 이름을 '여성 모델'로 변경합니다. 배경을 삭제하기 위해 (Contextual Task Bar)의 (Remove background)를 클릭합니다. 이미지를 위로 조금 이동합니다.

펜 도구로 콜라주 기법의 면 그리기

01 │ 이미지를 흑백으로 만들기 위해 (**Image**) → **Mode** → **Grayscale**을 실행한 다음 Message 대화상자가 표시되면 (Discord) 버튼을 클릭합니다.

02 │ Tools 패널에서 펜 도구(✒️)를 선택한 다음 곡면을 그리기 위해 한 점을 클릭하고 원하는 형태의 곡선을 그린 후 시작점과 끝점을 이어 면을 그립니다.

03 | Paths 패널의 'Work Path'가 선택된 상태에서 '패널 메뉴' 아이콘(▤)을 클릭하고 **Save Path**를 실행합니다. Save Path 대화상자가 표시되면 Name에 '콜라주 면'을 입력한 다음 [OK] 버튼을 클릭합니다.

Paths 패널에서 '콜라주 면'에 여러 개의 패스를 그리려면 '콜라주 면'이 회색으로 선택된 상태에서 펜 도구로 여러 개의 패스를 그립니다.
새로운 패스를 만들어 사용하려면 Paths 패널에서 'Create new path' 아이콘(⊞)을 클릭한 다음 패스 작업을 하거나 '콜라주 면'의 선택을 해제하고 펜 도구로 그리면 자동으로 Work Path가 생성됩니다. Work Path는 저장된 패스가 아니기 때문에 선택이 해제된 상태에서 패스를 작업하면 먼저 진행한 Work Path에 그린 패스는 사라집니다.

04 | 곡률 펜 도구(⌀.)를 이용하여 어색한 부분의 곡선을 매끄럽게 수정합니다.

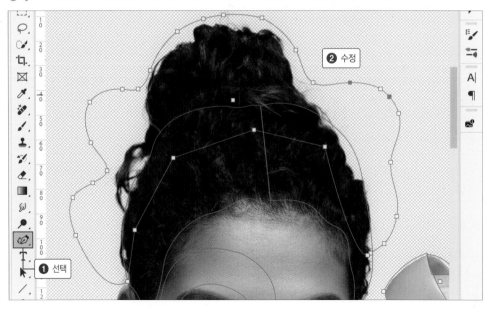

05 | 같은 방법을 이용하여 펜 도구()로 그림과 같이 콜라주 기법의 면을 모두 그립니다.

패스를 이용하여 면에 색상 적용하기

01 | 이미지를 RGB Color 모드로 만들기 위해 (Image) → Mode → RGB Color를 실행합니다.

02 | 전경색을 '흰색'으로 지정합니다. 배경을 채우기 위해 먼저 Layers 패널에서 'Create a new layer' 아이콘(⊞)을 클릭한 다음 새로운 레이어가 생성되면 이름을 '배경'으로 변경합니다. '배경' 레이어를 '여성 모델' 레이어 아래로 이동한 다음 [Alt]+[Delete]를 누릅니다.

Layers 패널에서 레이어를 이동하려는 경우 이동할 레이어를 선택한 다음 이동할 위치로 드래그하면 가로로 굵은 선이 표시되었을 때 마우스 버튼에서 손을 놓습니다.

'배경' 레이어를 잠그려면 'Lock all attributes' 아이콘(🔒)을 클릭합니다.

03 | Paths 패널에서 '콜라주 면' 패스를 선택한 다음 Tools 패널에서 패스 선택 도구(▶)를 선택합니다. 면을 채울 패스를 선택한 다음 'Load path as selection' 아이콘(◌)을 클릭하면 선택 영역으로 지정됩니다.

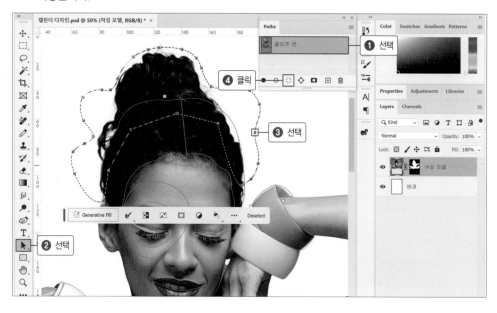

04 | Layers 패널에서 'Create a new layer' 아이콘(⊞)을 클릭한 다음 새로운 레이어가 생성되면 이름을 '머리 1'로 변경합니다. 전경색을 'C:50%, M:0%, Y:100%, K:0%'로 지정하고 Alt + Delete 를 눌러 색을 채웁니다.

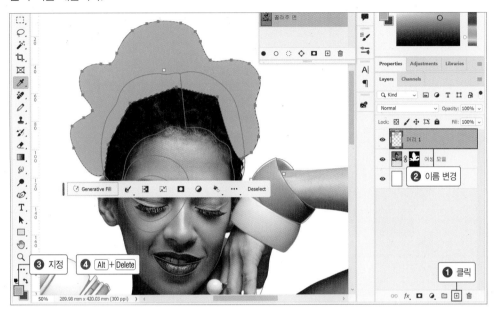

05 | 같은 방법으로 머리 부분의 면을 채웁니다. 먼저 패스 선택 도구(▶)로 면을 채울 패스를 선택하고 Paths 패널에서 'Load path as selection' 아이콘(◌)을 클릭하여 선택 영역으로 지정합니다.

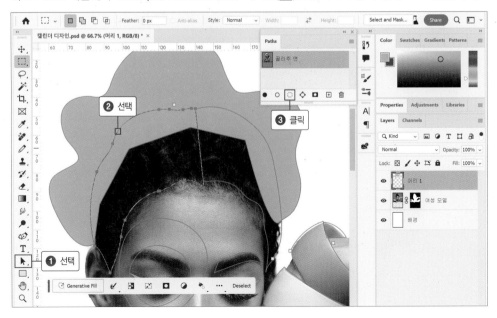

06 │ Layers 패널에서 'Create a new layer' 아이콘(⊞)을 클릭한 다음 새로운 레이어가 생성되면 이름을 '머리 2'로 변경합니다. 전경색을 'C:12%, M:83%, Y:0%, K:0%'로 지정하고 Alt + Delete 를 눌러 색을 채웁니다.

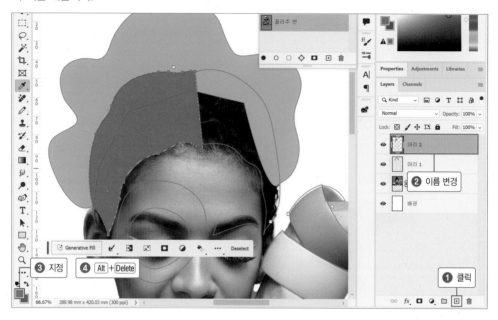

07 │ 패스 선택 도구(▶)로 면을 채울 패스를 선택하고 Paths 패널의 'Load path as selection' 아이콘(◌)을 클릭하여 선택 영역으로 지정합니다.

08 | Layers 패널에서 'Create a new layer' 아이콘(□)을 클릭하고 새로운 레이어가 생성되면 이름을 '왼쪽 눈'으로 변경합니다. 전경색을 'C:0%, M:19%, Y:100%, K:0%'로 지정하고 Alt + Delete 를 눌러 색을 채웁니다.

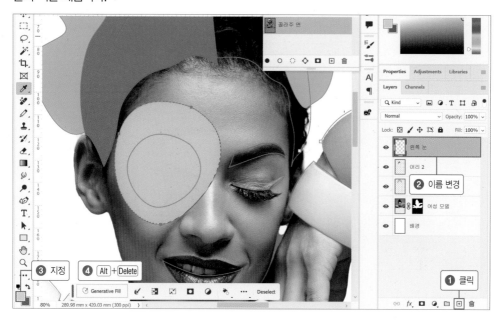

09 | 눈을 나타내기 위해 먼저 패스 선택 도구(▶)로 노란색 안쪽 패스를 선택합니다. Paths 패널의 'Add vector mask' 아이콘(■)을 두 번 클릭하거나 (Layer) → Vector Mask → Current Path를 실행하여 마스크를 적용합니다.

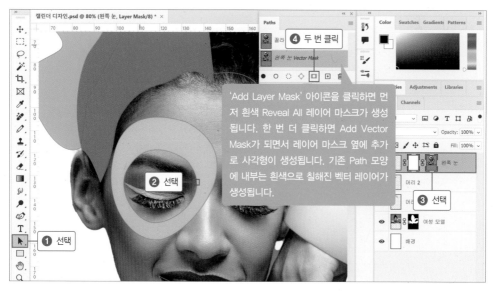

'Add Layer Mask' 아이콘을 클릭하면 먼저 흰색 Reveal All 레이어 마스크가 생성됩니다. 한 번 더 클릭하면 Add Vector Mask가 되면서 레이어 마스크 옆에 추가로 사각형이 생성됩니다. 기존 Path 모양에 내부는 흰색으로 칠해진 벡터 레이어가 생성됩니다.

10 같은 방법으로 모든 패스에 면을 채웁니다. 이미지 확장으로 생성된 손가락 부분의 배경을 지우개 도구(🩹)로 깨끗하게 지웁니다.

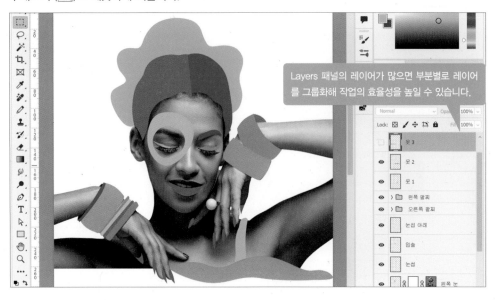

> Layers 패널의 레이어가 많으면 부분별로 레이어를 그룹화해 작업의 효율성을 높일 수 있습니다.

점과 선 패턴 만들어 등록하기

01 점 패턴을 만들기 위해 먼저 (File) → New를 실행합니다. New Document 대화상자가 표시되면 Width를 '60Pixels', Height를 '60Pixels', Resolution을 '72Pixels/Inch', Color Mode를 'RGB Color', Background Contents를 'Transparent'로 지정한 다음 (Create) 버튼을 클릭합니다.

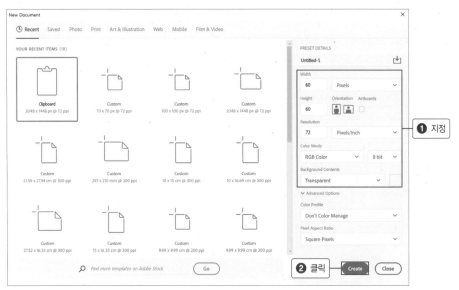

02 ┃ Ctrl+R을 눌러 눈금자가 나타나면 수직 및 수평 중앙으로 드래그하여 그림과 같이 안내선을 만듭니다. 원형 도구(○.)를 선택한 다음 캔버스 오른쪽 아래를 클릭합니다. Create Ellipse 대화상자가 표시되면 Width를 '16px', Height를 '16px'로 설정한 다음 (OK) 버튼을 클릭합니다. Properties 패널에서 Fill을 '검은색'으로 지정하고 Stroke를 'No Color'로 지정합니다.

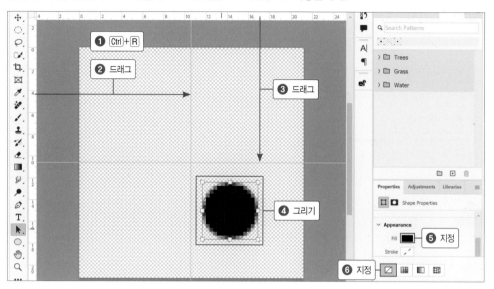

03 ┃ Layers 패널의 'Ellipse 1' 레이어가 선택된 상태에서 Ctrl+J를 눌러 복제합니다. (Filter) → **Other** → **Offset**을 실행하여 Adobe Photoshop 대화상자가 표시되면 (Convert To Smart Object) 버튼을 클릭합니다. Offset 대화상자가 표시되면 Horizontal을 '-30pixels right', Vertical을 '-30pixels down'으로 설정한 다음 (OK) 버튼을 클릭합니다.

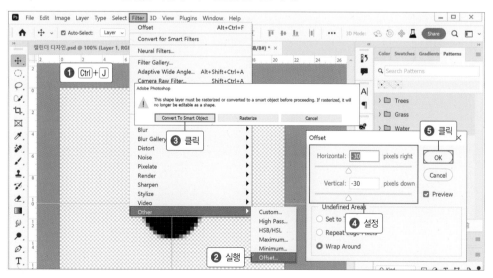

04 이동 도구(✛)로 그림과 같이 원을 복제 및 배치하고 패턴으로 등록하기 위해 (Edit) → **Define Pattern**을 실행합니다. Pattern Name 대화상자가 표시되면 Name에 '점'을 입력한 다음 (OK) 버튼을 클릭합니다.

사선 형태의 점 패턴을 만들기 위해 중앙에 원을 배치하고 각 모서리에 원의 1/4만 보이게 배치합니다. 정사각형의 패턴이 반복적으로 생성되면 각 모서리의 1/4이 사방으로 서로 만나 점 패턴이 형성됩니다.

05 이번에는 선 패턴을 만들기 위해 먼저 (File) → **New**를 실행합니다. New Document 대화상자가 표시되면 Width를 '40Pixels', Height를 '40Pixels', Resolution을 '72Pixels/Inch', Color Mode를 'RGB Color', Background Contents를 'Transparent'로 지정한 다음 (Create) 버튼을 클릭합니다.

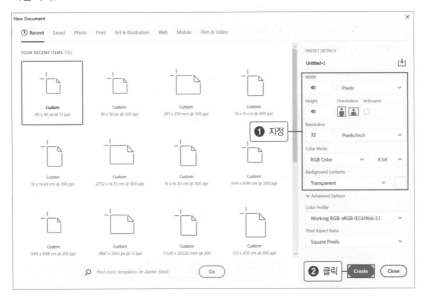

06 │ 눈금자를 수직 중앙으로 드래그하여 세로 안내선을 만듭니다. Tools 패널에서 연필 도구(✏️)를 선택한 다음 Shift를 누르고 안내선이 있는 수직 중앙의 위쪽에서 아래쪽으로 드래그하여 직선을 그립니다.

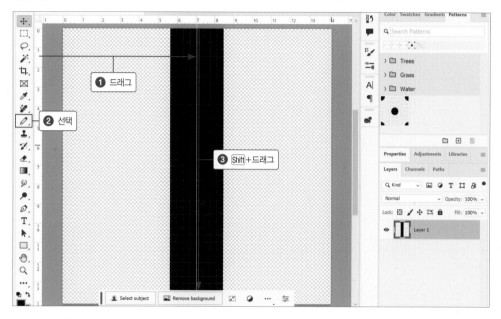

07 │ 이동 도구(✛)를 선택한 다음 중앙의 선을 Alt + Shift를 누르면서 왼쪽으로 이동하여 복제해서 반만 나타내고, 같은 방법으로 오른쪽으로 복제 및 이동합니다.

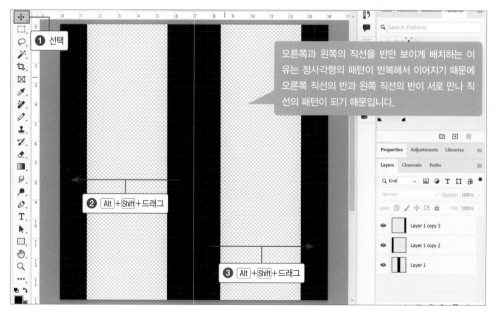

08 │ 패턴을 등록하기 위해 (Edit) → **Define Pattern**을 실행해 Pattern Name 대화상자가 표시되면 Name에 '선'을 입력한 다음 (OK) 버튼을 클릭합니다. 같은 방법으로 대각선 패턴을 만듭니다.

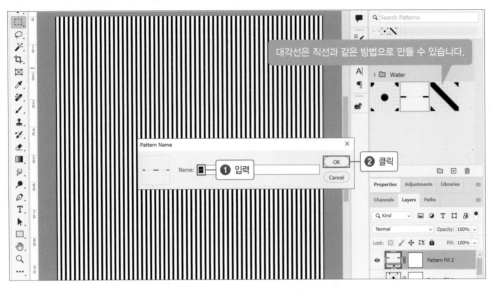

점과 선 패턴 적용하여 콜라주 기법 만들기

01 │ 패턴을 적용하기 위해 Tools 패널에서 올가미 도구(⬭)를 선택한 다음 드래그하여 그림과 같이 선택 영역을 지정합니다. Layers 패널에서 'Create a new layer' 아이콘(⊞)을 클릭한 다음 새로운 레이어가 생성되면 이름을 '눈 땡땡이'로 변경합니다.

02 | Patterns 패널에서 점 패턴을 선택하면 선택 영역에 패턴이 바로 적용됩니다.

(Edit) → Fill을 실행하여 Fill 대화상자가 표시되면 Contents를 'Pattern'으로 지정하고, Custom Pattern에서 원하는 패턴을 선택한 다음 (OK) 버튼을 클릭해 적용할 수도 있습니다.

03 | 같은 방법으로 대각선 패턴을 적용해 봅니다. 올가미 도구(�य)를 선택한 다음 드래그하여 그림과 같이 선택 영역을 지정합니다. Layers 패널에서 'Create a new layer' 아이콘(⊞)을 클릭하고 새로운 레이어가 생성되면 이름을 '팔 대각선'로 변경합니다.

04 | Patterns 패널에서 대각선 패턴을 선택하면 선택 영역에 패턴이 바로 적용됩니다.

05 | 대각선 패턴의 방향을 바꾸기 위해 먼저 Layers 패널에서 '팔 대각선' 레이어를 더블클릭합니다. Pattern Fill 대화상자가 표시되면 Angle을 '90°'로 설정하고 (OK) 버튼을 클릭합니다.

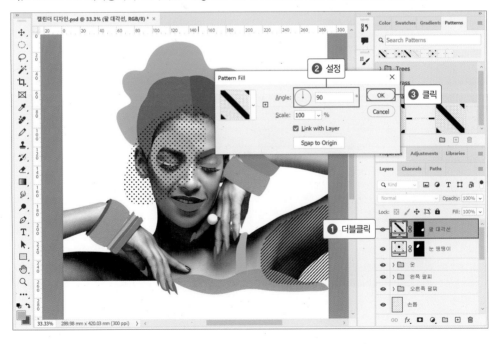

06 직선 패턴을 적용하기 위해 Tools 패널에서 원형 선택 도구(◯)를 선택한 다음 Shift를 누른 채 드래그해서 정원의 선택 영역을 지정합니다. Layers 패널에서 'Create a new layer' 아이콘(⊞) 을 클릭한 다음 새로운 레이어가 생성되면 이름을 '원 직선'으로 변경합니다.

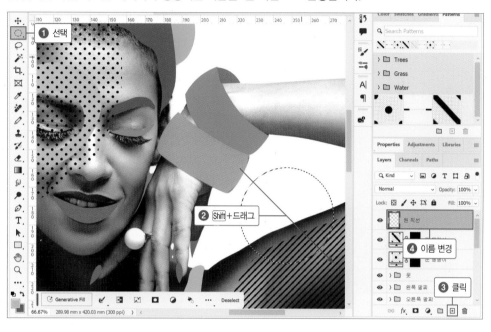

07 Patterns 패널에서 직선 패턴을 선택하면 선택 영역에 패턴이 바로 적용됩니다.

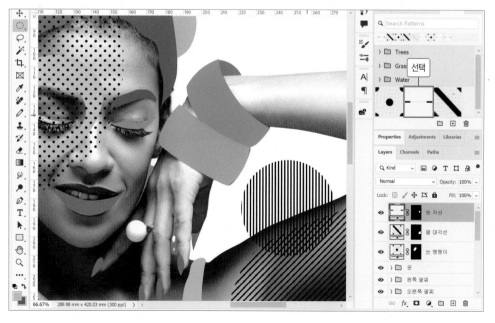

08 | 이번에는 패턴 색상을 변경하기 위해 Layers 패널의 '원 직선' 레이어에서 마우스 오른쪽 버튼을 클릭한 다음 **Rasterize Layer**를 실행합니다.

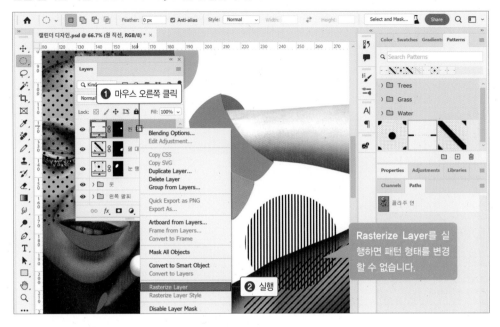

09 | Layers 패널에서 'Add a layer style' 아이콘(fx.)을 클릭한 다음 **Color Overlay**를 실행합니다.

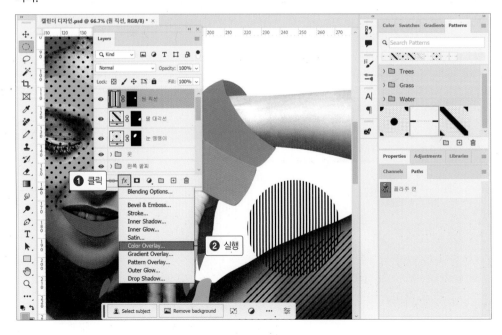

10 │ Layer Style 대화상자가 표시되면 Color 항목의 색상 상자를 클릭하여 Color Picker 대화상자가 표시되면 색상(C:58%, M:80%, Y:0%, K:0%)을 지정하고 (OK) 버튼을 클릭합니다.

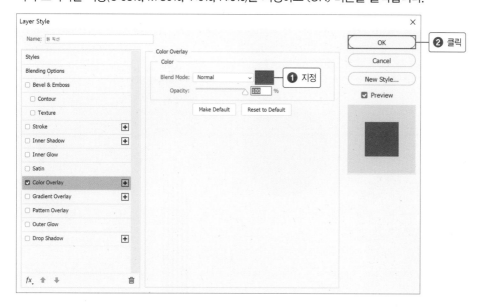

11 │ 같은 방법으로 점과 선 패턴을 이용하여 콜라주 기법을 만듭니다.

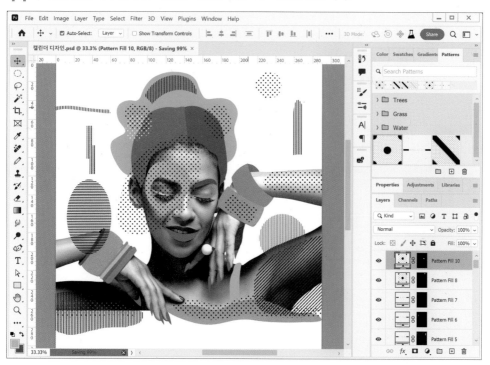

도형 추가하여 그림자 만들기

01 │ 도형을 추가하기 위해 Layers 패널에서 'Create a new layer' 아이콘(⊞)을 클릭한 다음 새로운 레이어가 생성되면 이름을 '도형 1'로 변경하고 패턴 레이어 아래로 이동합니다. 전경색을 지정한 다음 브러시 도구(✏)를 선택하고 원 모양을 그립니다.

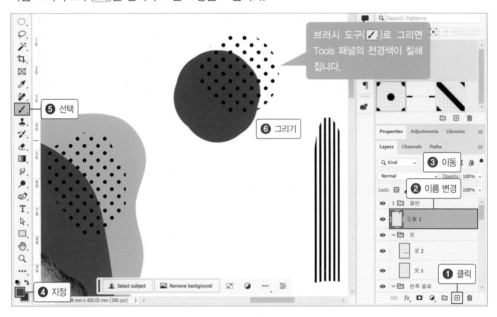

02 │ 그림자를 만들기 위해 Layers 패널의 '도형 1' 레이어가 선택된 상태에서 'Add a layer style' 아이콘(fx)을 클릭한 다음 **Drop Shadow**를 실행합니다.

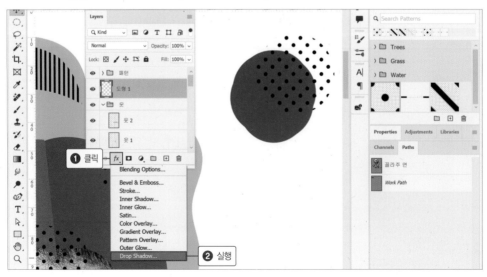

03 │ Layer Style 대화상자가 표시되면 Opacity를 '20%', Angle을 '45°', Distance를 '90px', Size를 '35px'로 설정하고 (OK) 버튼을 클릭합니다. 도형에 그림자가 생성됩니다.

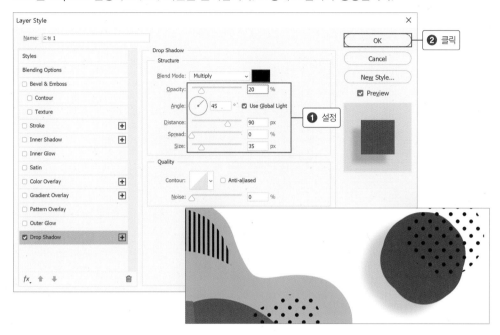

04 │ 같은 방법으로 다른 도형을 그립니다. Layers 패널에서 'Create a new layer' 아이콘(田)을 클릭한 다음 새로운 레이어가 생성되면 이름을 '도형 2'로 변경합니다. 브러시 도구(✐)를 선택한 다음 드래그해 캔버스에 그림과 같이 타원형을 그립니다.

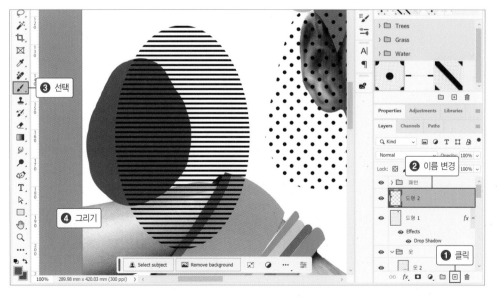

05 │ 타원형 색상을 변경하려면 Tools 패널에서 스포이트 도구(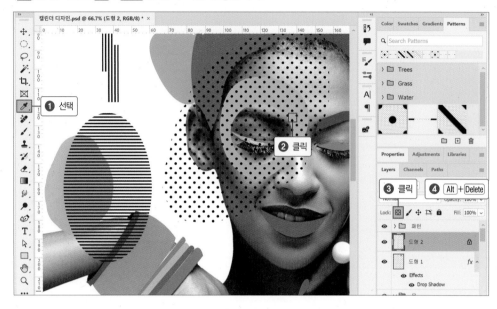)를 선택하고 눈 주위의 노란색을 클릭하면 전경색이 노란색으로 변경됩니다. Layers 패널에서 'Lock Transparent pixels' 아이콘(□)을 클릭하고 Alt+Delete를 눌러 색을 변경합니다.

06 │ 그림자를 만들기 위해 Layers 패널에서 '도형 1' 레이어의 'Drop Shadow'를 선택하고 Alt를 누른 채 '도형 2' 레이어로 이동해서 파란색 가로 줄이 표시되면 드래그하여 그림자 효과를 복제합니다.

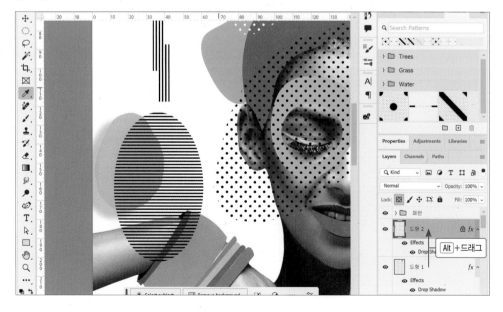

07 │ 같은 방법으로 도형을 만들어 그림자를 추가합니다.

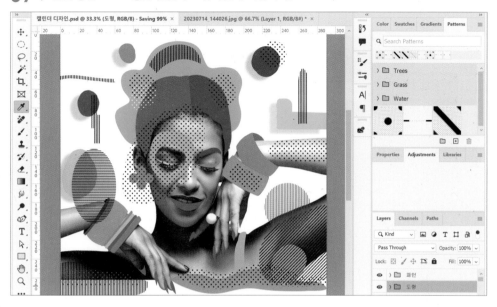

벽걸이 캘린더 숫자판 디자인하기

01 │ 2024년 8월 숫자판을 디자인하기 위해 Tools 패널에서 문자 도구(T.)를 선택한 다음 캔버스에 클릭하고 대문자로 'SUN'을 입력합니다. Character 패널에서 글꼴을 'DIN Medium', 글자 크기를 '18pt', 행간을 '55pt'로 설정합니다. 숫자를 그림과 같이 입력한 다음 글꼴을 'DIN Medium', 글자 크기를 '27pt', Color를 'C:12%, M:83%, Y:0%, K:0%'로 지정하고 Paragraph 패널의 'Center text' 아이콘(≡)을 클릭합니다.

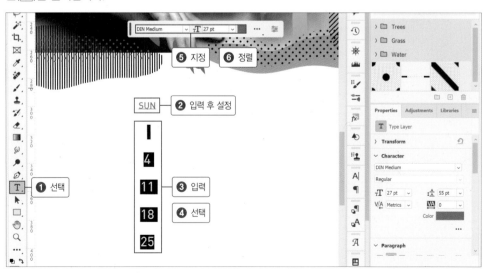

02 | Tools 패널에서 이동 도구(✛)를 선택한 다음 숫자를 클릭하고 Alt + Shift 를 누르면서 오른쪽으로 이동하여 복제합니다. 영문과 숫자를 수정하고 Color를 '검은색'으로 지정합니다.

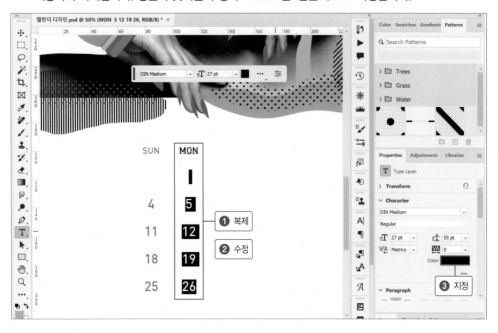

03 | 같은 방법으로 복제하여 'TUE, WED, THU, FRI, SAT'과 날짜를 입력하고 레이아웃합니다.

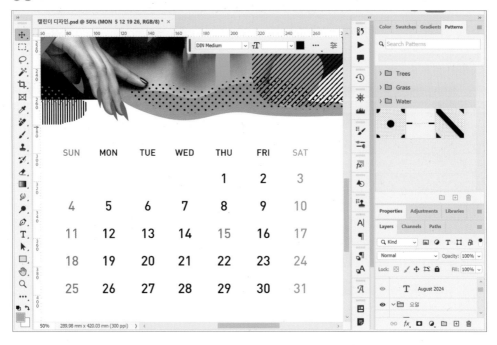

알아두기 ┃ 균일하게 정렬하기

Tools 패널의 이동 도구(⊕)를 선택하고 Layers 패널에서 7개
요일 레이어를 선택한 다음 옵션바의 Distribute에서 'Distribute
left edges' 아이콘(▐▶)을 클릭합니다. 선택한 각 레이어의 가장
왼쪽에 있는 픽셀을 기준으로 선택한 레이어들을 균일하게 분포
합니다.

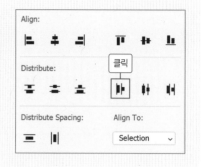

04 ┃ 월 디자인을 위해 문자 도구(T.)를 선택한 다음 캔버스에 클릭하고 숫자 '8'을 입력합니다.
Character 패널에서 글꼴을 'DIN Medium', 글자 크기를 '100pt', 행간을 '55pt', Color를 'C:67%,
M:35%, Y:0%, K:0%'로 지정합니다.

05 │ 숫자 '8' 뒤에 패턴을 적용하기 위해 먼저 Layers 패널에서 Ctrl을 누른 채 '8' 레이어를 클릭하면 8이 선택 영역으로 만들어집니다.

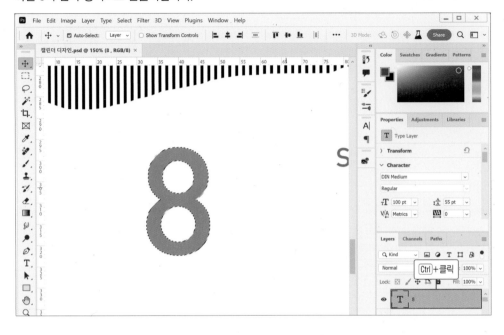

06 │ Layers 패널에서 'Create a new layer' 아이콘(⊞)을 클릭하여 새로운 레이어가 생성되면 이름을 '8 직선'으로 변경합니다. Patterns 패널에서 직선 패턴을 선택합니다.

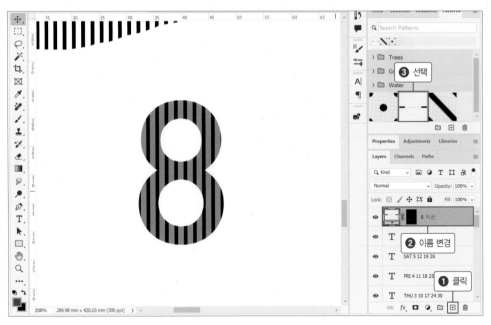

07 │ Layers 패널에서 '8 직선' 레이어를 더블클릭하여 Pattern Fill 대화상자가 표시되면 Angle 을 '90°', Scale을 '50%'로 설정하고 (OK) 버튼을 클릭합니다. '8 직선' 레이어를 '8' 레이어 아래로 이 동한 다음 왼쪽으로 보기 좋게 레이아웃합니다.

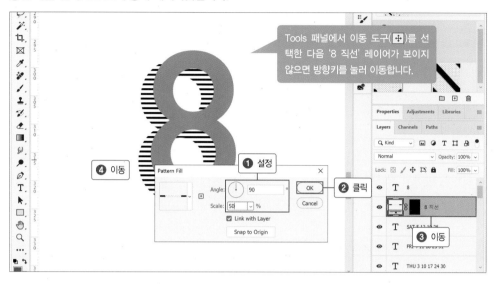

08 │ Tools 패널에서 문자 도구(T.)를 선택한 다음 캔버스에 클릭하고 'August'와 '2024'를 입력 합니다. Character 패널에서 글꼴을 'DIN Medium', 글자 크기를 '20pt', 행간을 '30pt', Color를 'C:60%, M:77%, Y:0%, K:0%'로 지정합니다. 정렬은 'Center text' 아이콘(畺)을 클릭하여 완성합니다.

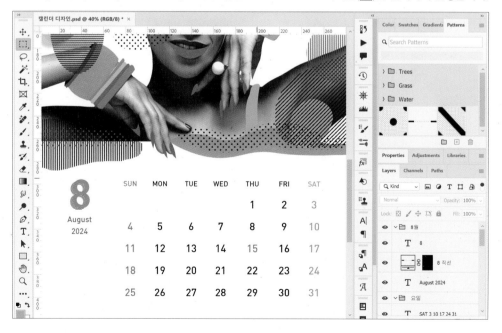

디자인 요소 생성과 타이포그래피의 결합, 책 표지 디자인

아트 분위기의 책 표지를 디자인하기 위해 제목에 어울리는 꽃 이미지를 타이포그래피와 함께 합성해 봅니다. 포토샵의 AI 기능을 이용하면 메인 이미지를 자동으로 선택 영역으로 만들어 작업의 효율성을 높일 수 있습니다. 뿐만 아니라 그림 작업이 어려운 디자인 요소도 바로 원하는 스타일의 이미지 형태로 제작하고, 타이포그래피와 합성할 수 있습니다. 예제에서는 꽃문양의 아름다운 타이포그래피가 돋보이는 표지 디자인을 완성해 보겠습니다.

○ 예제 및 완성 파일 : 표지 폴더

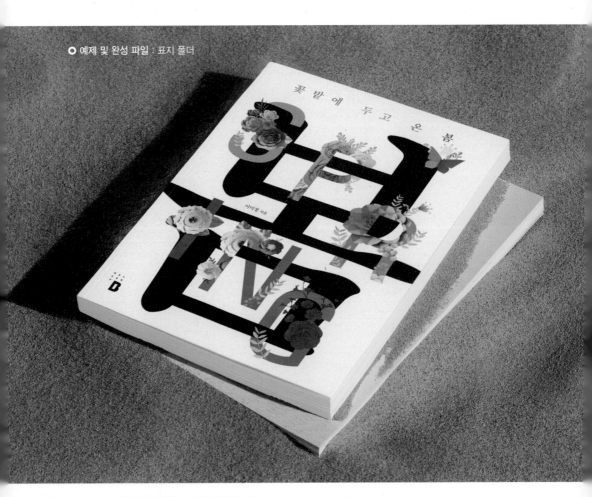

❶ 책 표지 판형 위에 한글 타이포그래피 레이아웃하기

❷ 레이어 마스크를 이용해 한글과 영문 타이포그래피 디자인하기

❸ 영문 타이포그래피에 꽃 이미지 합성하기

❹ 프롬프트를 이용하여 꽃과 나비 생성하기

❺ 책 제목과 출판사 심볼 레이아웃하기

❻ 패턴 만들어 타이포그래피에 적용하기

책 표지 판형에 맞게 레이아웃하기

01 │ 책 표지 판형을 만들기 위해 (**File**) → **New**를 실행합니다. New Document 대화상자가 표시되면 (Print) 탭을 선택하고 Width를 '175Millimeters', Height를 '250Millimeters', Resolution을 '300Pixels/Inch', Color Mode를 'CMYK Color'로 지정한 다음 (Create) 버튼을 클릭합니다.

02 │ 새로운 판형이 만들어지면 문자 도구(**T.**)를 선택한 다음 '봄'을 입력합니다. (Contextual Task Bar)나 Character 패널에서 글꼴을 'YDIYMj540', 글자 크기를 '730pt'로 설정합니다.

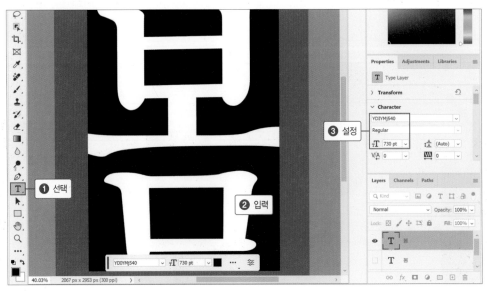

03 | 자음과 모음을 분리하기 위해 (Type) → Rasterize Type Layer를 실행합니다.

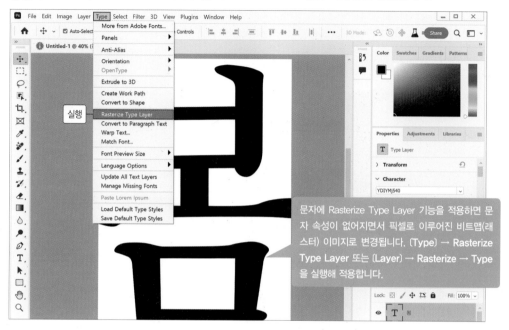

문자에 Rasterize Type Layer 기능을 적용하면 문자 속성이 없어지면서 픽셀로 이루어진 비트맵(래스터) 이미지로 변경됩니다. (Type) → Rasterize Type Layer 또는 (Layer) → Rasterize → Type을 실행해 적용합니다.

04 | 사각형 선택 도구(□)로 'ㅁ'을 드래그하여 선택하고 Ctrl+X를 눌러 잘라낸 다음 Shift+Ctrl+V를 눌러 현재 위치에 붙여넣으면 'ㅁ' 레이어가 만들어집니다.

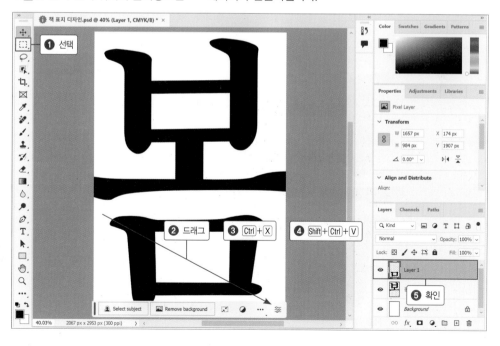

05 │ 같은 방법으로 'ㅂ'도 레이어를 분리하기 위해 먼저 Tools 패널에서 다각형 올가미 도구(⬚)를 선택한 다음 'ㅂ'을 선택합니다. Ctrl+X를 눌러 잘라낸 다음 Shift+Ctrl+V를 눌러 현재 위치에 붙여넣으면 'ㅂ' 레이어가 만들어집니다. 분리된 레이어의 이름을 변경합니다.

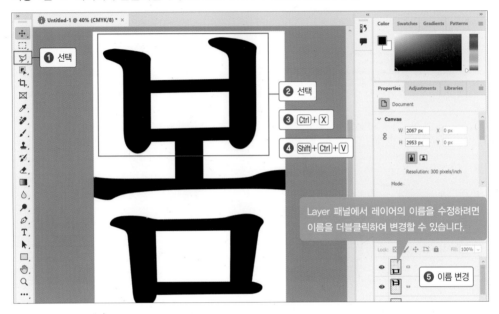

06 │ 같은 방법으로 'ㅗ'를 선택하고 레이어를 분리합니다. 'ㅗ'를 축소하기 위해 Ctrl+T를 눌러 옵션바에서 W와 H를 각각 '85%'로 설정한 다음 Enter를 누릅니다. 'ㅂ', 'ㅁ', 'ㅗ'를 보기 좋게 레이아웃합니다.

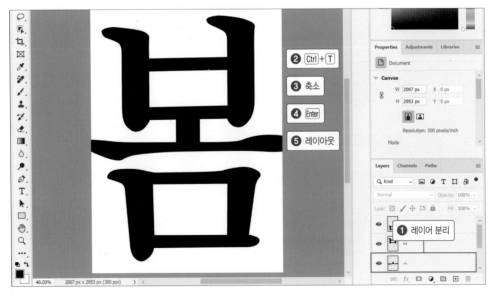

레이어 마스크를 이용하여 한글과 영문 타이포그래피 디자인하기

01 | 문자 도구(T.)를 선택하고 대문자로 'SPRING'을 입력합니다. (Contextual Task Bar)나 Character 패널에서 글꼴을 'Univers 57 Condensed', 글꼴 스타일을 'Regular', 글자 크기를 '240pt', Color를 'C:100%, M:0%, Y:70%, K:0%'로 지정합니다.

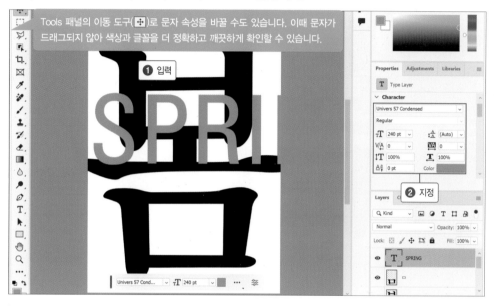

02 | 영문 알파벳을 픽셀로 만들고 레이어를 분리하기 위해 (Type) → Rasterize Type Layer를 실행합니다.

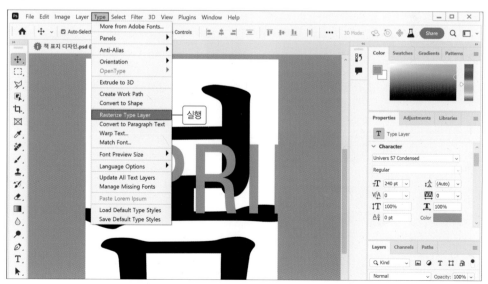

03 │ 사각형 선택 도구(□)를 선택하고 'S'를 드래그하여 선택합니다. Ctrl+X를 눌러 잘라내고 Shift+Ctrl+V를 눌러 현재 위치에 붙여넣으면 'S' 레이어가 만들어집니다. 'PRING' 문자도 같은 방법으로 각각 레이어를 분리합니다.

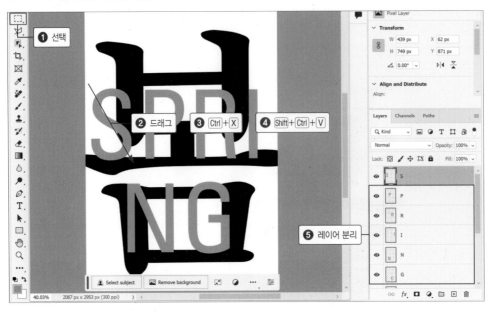

04 │ Tools 패널에서 이동 도구(✛)를 선택하고 한글 '봄'과 잘 어울리도록 영문 알파벳을 이동해 보기 좋게 레이아웃합니다.

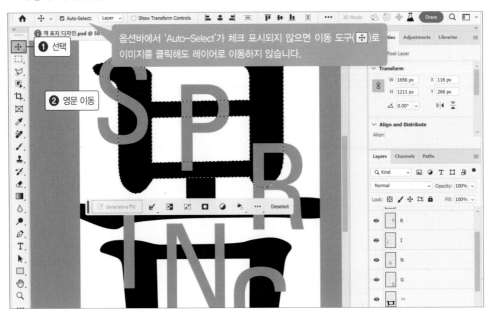

05 | 'ㅂ'을 선택한 다음 선택 영역으로 지정하기 위해 (Contextual Task Bar)에서 (Select subject)를 클릭합니다.

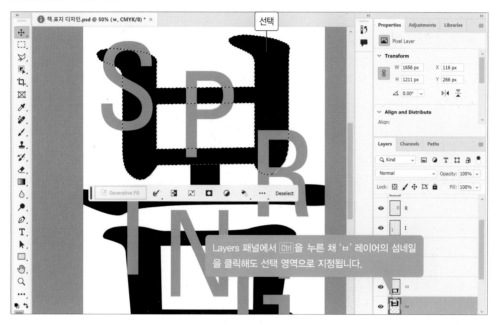

Layers 패널에서 Ctrl을 누른 채 'ㅂ' 레이어의 섬네일을 클릭해도 선택 영역으로 지정됩니다.

06 | Layers 패널에서 'P' 레이어를 선택한 다음 (Layer) → Layer Mask → Reveal All을 실행합니다.

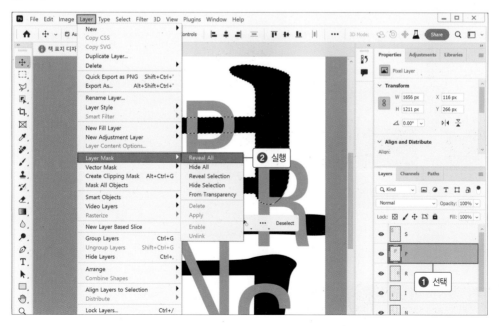

07 | Layers 패널의 'P' 레이어 옆에 마스크 레이어 섬네일이 생성됩니다. 브러시 도구(✏️)를 선택하고 전경색을 '검은색'으로 지정한 다음 옵션바에서 Size를 '170px'로 설정하고 General Brushes 항목의 'Hard Round'를 선택합니다.

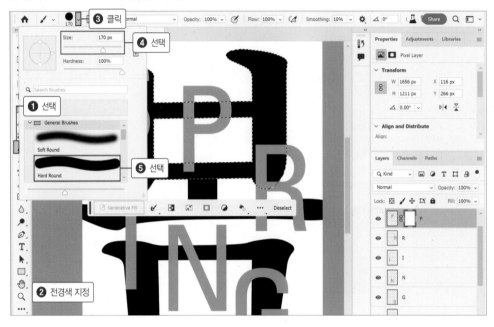

08 | Layers 패널에서 'P' 레이어 마스크 섬네일을 선택한 다음 'ㅂ'과 'P'가 겹치는 일부분을 브러시 도구(✏️)로 드래그해 지웁니다.

09 | 같은 방법으로 다른 영문 알파벳 레이어에도 레이어 마스크를 적용합니다.

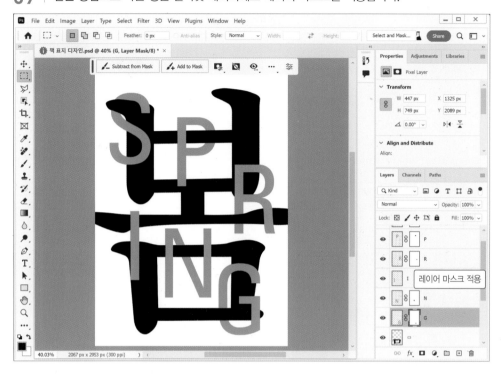

영문 타이포그래피에 꽃 이미지 합성하기

01 | 탐색기에서 '표지' 폴더를 열고 'R자 꽃 1' 파일을 선택한 다음 포토샵 캔버스로 드래그하여 불러옵니다.

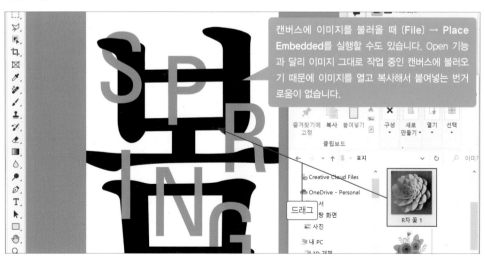

02 | Enter 를 누른 후 꽃 이미지를 선택 영역으로 지정하기 위해 (Contextual Task Bar)에서 (Select subject)를 클릭합니다.

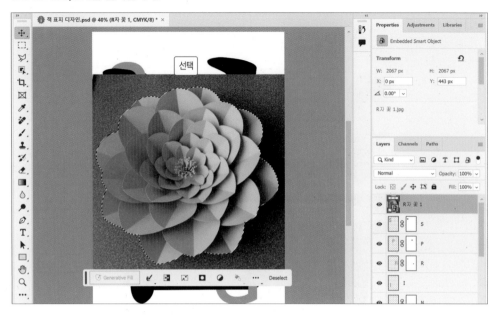

03 | 배경을 삭제하기 위해 Layers 패널의 'R자 꽃 1' 레이어에서 마우스 오른쪽 버튼을 클릭하고 **Resterize Layer**를 실행합니다. Shift + Ctrl + I 를 눌러 선택 영역을 반전한 다음 Delete 를 누르면 배경이 삭제됩니다.

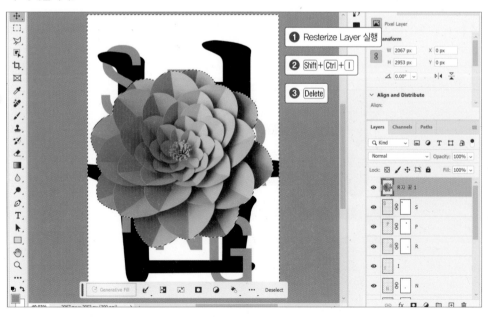

04 | 꽃 이미지를 축소하기 위해 (Ctrl)+(T)를 누르고 크기를 조절한 다음 보기 좋게 위치도 조정합니다. Layers 패널의 'R' 레이어를 선택하고 'Lock Transparent pixels' 아이콘(⊠)을 클릭합니다. 전경색을 'C:0%, M:70%, Y:10%, K:0%'로 지정하고 (Alt)+(Delete)를 눌러 색상을 분홍으로 변경합니다.

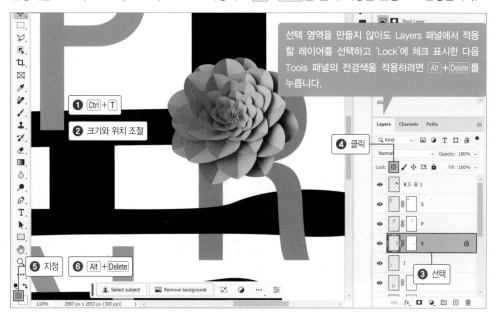

05 | Layers 패널에서 (Ctrl)을 누른 채 'R' 레이어의 레이어 마스크 섬네일을 클릭해 선택 영역으로 지정합니다. 'R자 꽃 1' 레이어를 선택하고 (Layer) → Layer Mask → Reveal All을 실행합니다.

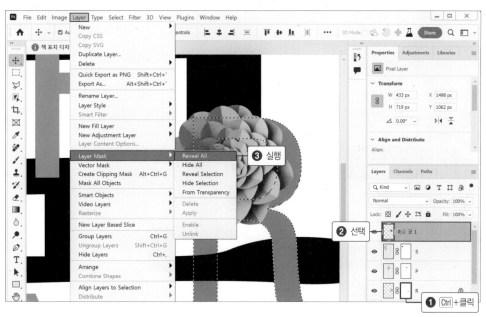

06 │ Layers 패널에서 'R자 꽃 1' 레이어 옆에 마스크 레이어 섬네일이 생성됩니다. Tools 패널의 브러시 도구(✏️)를 선택하고 전경색을 '검은색'으로 지정합니다. 옵션바에서 Size를 '170px'로 설정한 다음 General Brushes 항목의 'Hard Round'를 선택합니다.

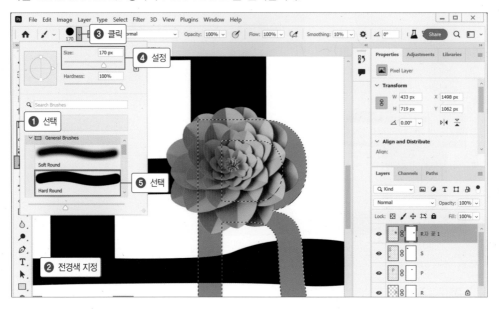

07 │ Shift + Ctrl + I 를 눌러 선택 영역을 반전합니다. Layers 패널에서 'R자 꽃 1' 레이어 마스크 섬네일을 선택한 다음 'R'과 '초록색 꽃'이 겹치는 일부분을 브러시 도구(✏️)로 드래그하여 지웁니다.

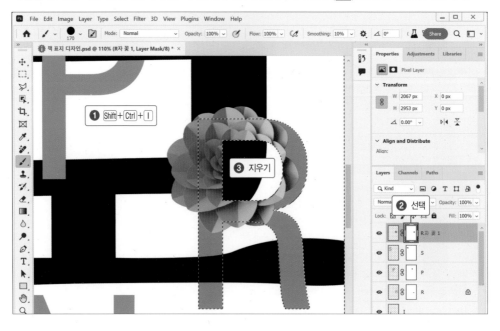

08 | 이미지 소스를 사용해 'R'을 보기 좋게 디자인합니다. 같은 방법으로 다른 영문 알파벳도 디자인합니다.

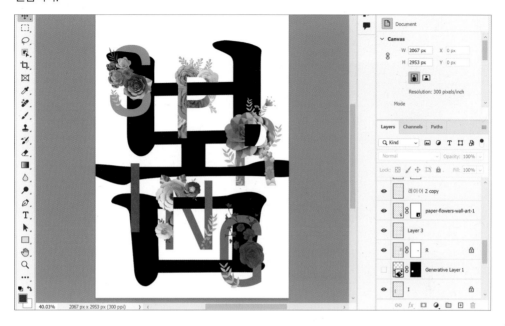

프롬프트를 이용하여 꽃과 나비 생성하기

01 | 포토샵 AI 기능을 이용하기 위해 (Image) → Mode → RGB Color를 실행합니다. 영문 알파벳 'I' 위에 꽃을 추가하기 위해 올가미 도구(◯)로 꽃이 위치할 영역을 드래그해서 선택 영역으로 지정합니다. (Contextual Task Bar)의 (Generative Fill)을 클릭하여 프롬프트 창을 표시합니다.

02 | 프롬프트 창에 '종이 꽃'을 영문으로 번역하여 'paper flowers'를 입력하고 (Generate)를 클릭합니다. 'I' 위에 종이 꽃이 생성되었습니다.

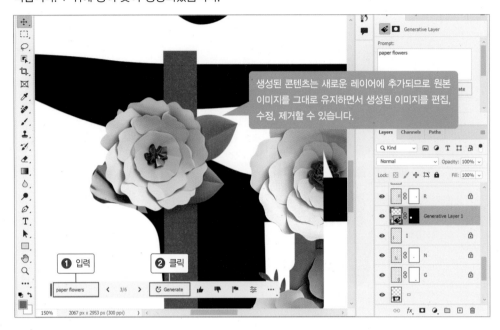

생성된 콘텐츠는 새로운 레이어에 추가되므로 원본 이미지를 그대로 유지하면서 생성된 이미지를 편집, 수정, 제거할 수 있습니다.

❶ 입력
❷ 클릭

03 | 이번에는 'ㅂ' 위에 나비를 추가하기 위해서 올가미 도구(⟋)로 나비가 위치할 영역을 드래그하여 선택 영역으로 지정합니다. (Contextual Task Bar)의 (Generative Fill)을 클릭하여 프롬프트 창을 표시합니다.

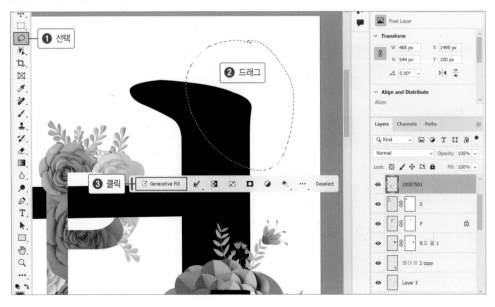

❶ 선택
❷ 드래그
❸ 클릭

04 | Properties 패널에서 (Generate)를 클릭하거나 (Contextual Task Bar)의 프롬프트 창 오른쪽의 (Generate)를 클릭하여 더 많은 변형을 확인할 수 있습니다.

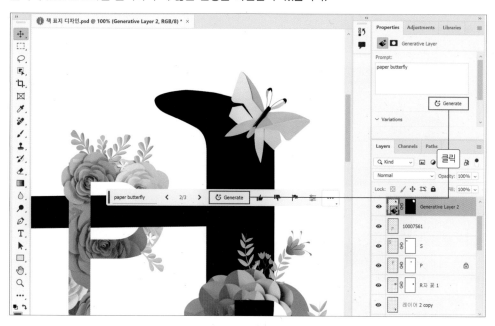

05 | (Contextual Task Bar)의 프롬프트 창에 '종이 나비'를 영문으로 번역하여 'paper butterfly'를 입력하고 (Generate)를 클릭합니다. 'ㅂ' 위에 종이 나비가 예쁘게 생성되었습니다.

책 제목과 출판사 심볼 레이아웃하기

01 │ Tools 패널의 문자 도구([T.])를 이용하여 '꽃밭에 두고 온 봄'을 입력합니다. Character 패널에서 글꼴을 'YDIYMj540', 글자 크기를 '24pt', 자간을 '700'으로 설정합니다.

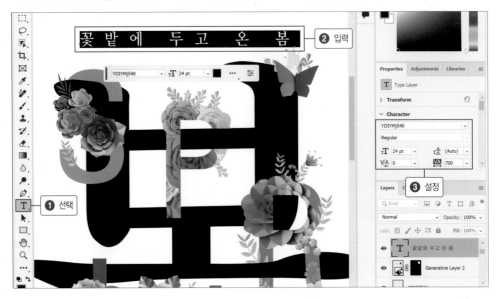

02 │ 단어별로 색상을 다르게 적용하기 위해 문자 도구([T.])로 '꽃밭에'를 드래그하여 선택합니다. Character 패널에서 Color를 클릭하여 Color Picker 대화상자가 표시되면 M을 '80%', Y를 '20%'로 설정한 다음 (OK) 버튼을 클릭합니다.

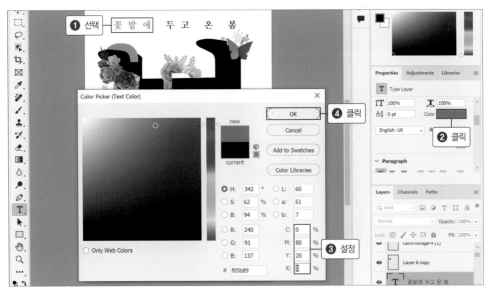

03 같은 방법으로 색상을 적용합니다. '두고'는 Color를 'C:80%, M:10%, Y:70%', '온'은 Color를 'C:60%, M:70%', '봄'은 Color를 'M:95%, Y:95%'로 지정합니다.

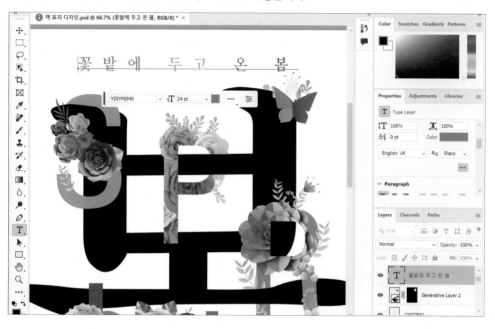

04 문자 도구(T.)를 이용해 저자 이름을 입력하고 Character 패널에서 글꼴을 'YDIYMj530', 글 자 크기를 '10pt', 자간을 '0'으로 설정합니다. '지음'을 입력한 다음 글자 크기를 '8pt'로 설정합니다.

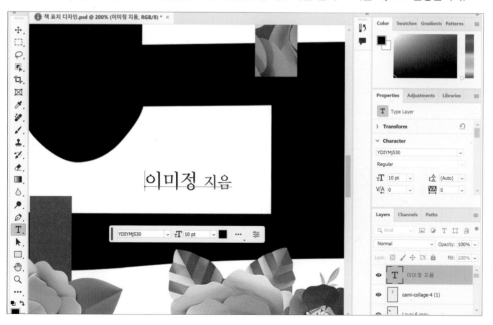

05 〔File〕→ **Place Embedded**를 실행하여 '표지' 폴더에서 'BI 출판사 로고.ai' 파일을 불러옵니다. 로고를 축소하기 위해 옵션바에서 W와 H를 각각 '25%'로 설정한 다음 Enter를 누릅니다. 축소된 로고를 보기 좋게 레이아웃합니다.

패턴을 만들어 타이포그래피에 적용하기

01 패턴을 만들기 위해 먼저 〔File〕→ **New**를 실행합니다. New Document 대화상자가 표시되면 Width를 '30Pixels', Height를 '30Pixels', Resolution을 '72Pixels/Inch', Color Mode를 'RGB Color', Background Contents를 'Transparent'로 지정한 다음 〔Create〕 버튼을 클릭합니다.

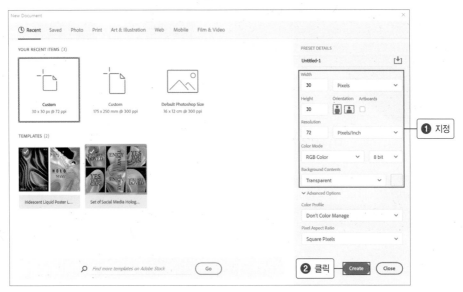

02 │ Tools 패널에서 연필 도구()를 선택하고 전경색을 '연두색'으로 지정합니다. 옵션바에서 Size를 '1px'로 설정하고 General Brushes 항목에서 'Hard Round'를 선택합니다.

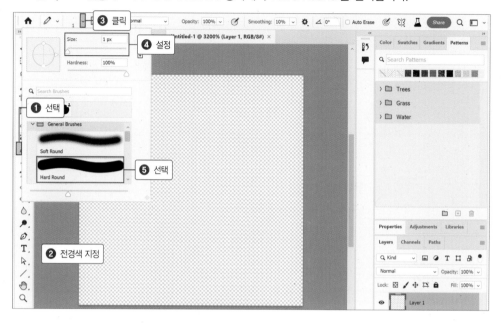

03 │ 캔버스 왼쪽 상단 모서리를 클릭한 다음 Shift를 누른 채 오른쪽 하단 모서리를 클릭하면 그림과 같이 대각선이 그려집니다.

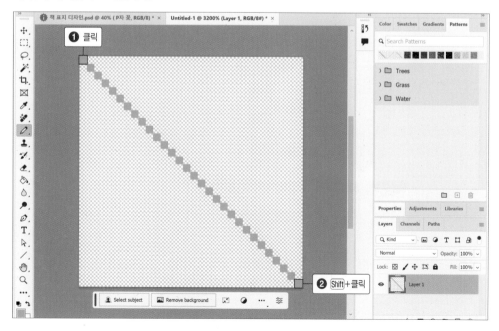

04 │ 패턴을 등록하기 위해 (**Edit**) → **Define Pattern**을 실행합니다. Pattern Name 대화상자가 표시되면 Name에 '대각선'을 입력한 다음 (OK) 버튼을 클릭합니다.

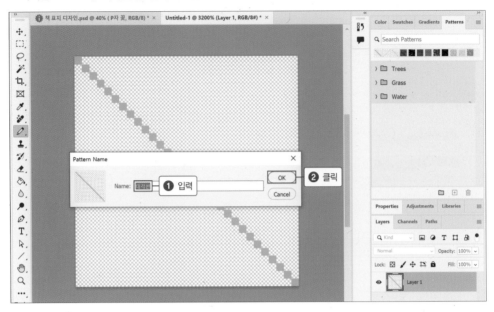

05 │ 진행 중인 책 표지 디자인 캔버스의 Layers 패널에서 'ㅂ' 레이어를 선택한 다음 [Ctrl]을 누른 채 해당 레이어의 섬네일을 클릭해 선택 영역으로 지정합니다. 'Create a new layer' 아이콘(回)을 클릭하여 새로운 레이어를 생성한 다음 레이어 이름을 'ㅂ 패턴'으로 변경합니다.

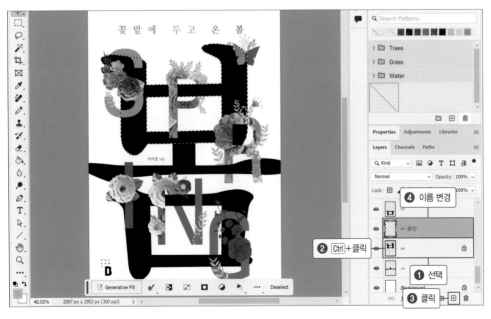

06 | 페인트 통 도구(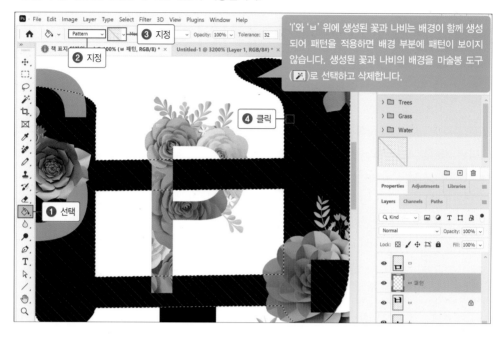)를 선택하고 옵션바에서 'Pattern'을 지정한 다음 등록한 패턴을 선택합니다. 선택 영역을 클릭하면 대각선 패턴이 적용됩니다.

07 | 같은 방법으로 'ㅗ'와 'ㅁ'에도 패턴을 적용하여 책 표지 디자인을 완성합니다.

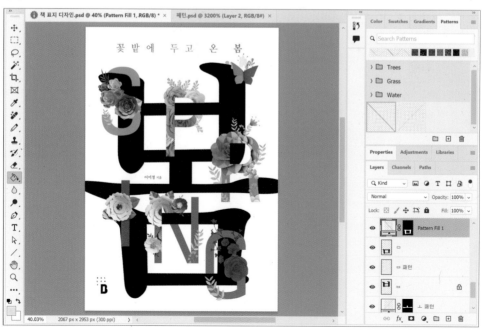

AI로 만든 아트적인 일러스트를 이용한 패키지 디자인

포토샵 AI 기능을 이용하여 패키지의 6면을 지기 구조에 맞게 디자인해 봅니다. 소스 이미지가 없다면 생성형 AI 기반의 콘텐츠 제작 기술이 탑재된 어도비 파이어플라이(Adobe Firefly)로 아트적인 이미지를 만들 수 있습니다. 간단하게 텍스트로 프롬프트를 입력하여 매력적인 이미지를 만든 다음 텍스트를 변경하며, 색상을 자유롭게 변경하여 패키지를 구성합니다. 또한, 포토샵 AI 기능을 활용해 배경의 부족한 부분을 쉽게 채우고, 필요한 이미지를 생성하여 기존 이미지와 자연스럽게 합성해서 패키지 디자인을 완성합니다.

○ 예제 및 완성 파일 : 패키지 폴더

❶ 지기 구조와 AI 생성 이미지 가져오기

❷ 이미지 확장하여 생성형 채우기

❸ 패키지 앞면 디자인하기

❹ 패키지 뒷면 디자인하기

❺ 패키지 측면 디자인하기

❻ 패키지 윗면과 아랫면 디자인하기

지기 구조와 AI 생성 이미지 가져오기

01 | 포토샵에서 (File) → New를 실행합니다. New Document 대화상자가 표시되면 (Print) 탭을 선택하고 Width를 '320Millimeters', Height를 '320Millimeters', Resolution을 '300Pixels/Inch', Color Mode를 'RGB Color'로 지정한 다음 (Create) 버튼을 클릭합니다.

02 | (File) → Place Embedded를 실행한 다음 Place Embedded 대화상자가 표시되면 '표지' 폴더에서 '지기구조.ai' 파일을 선택하고 (Place) 버튼을 클릭합니다.
Open As Smart Object 대화상자가 표시되면 Select 항목에서 'Page'를 선택하고, Options 항목에서 Crop To를 'Bounding Box'로 지정한 다음 (OK) 버튼을 클릭합니다.

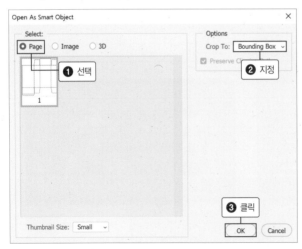

03 캔버스에 지기 구조 이미지가 X 표시와 함께 나타나면 더블클릭하거나 Enter 를 누릅니다.

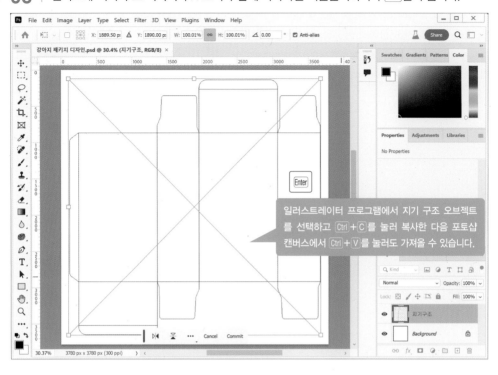

> 일러스트레이터 프로그램에서 지기 구조 오브젝트를 선택하고 Ctrl + C 를 눌러 복사한 다음 포토샵 캔버스에서 Ctrl + V 를 눌러도 가져올 수 있습니다.

04 Layers 패널의 '지기구조' 레이어에서 마우스 오른쪽 버튼을 클릭한 다음 **Rasterize Layer**를 실행합니다. 이미지를 고정하기 위해 'Lock all attributes' 아이콘(🔒)을 클릭합니다.

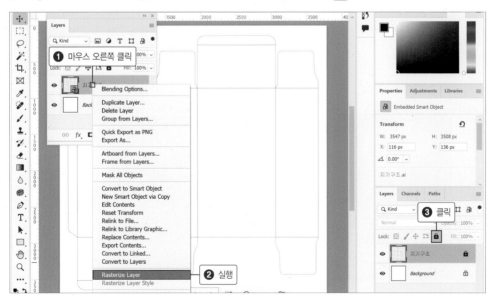

05 │ 어도비 파이어플라이(Adobe Firefly)에서 생성한 강아지 이미지를 가져오기 위해 **(File)** → **Place Embedded**를 실행하여 '표지' 폴더에서 '앞면 강아지'를 불러옵니다. 옵션바에서 W와 H를 각각 '22%'로 설정하여 강아지 이미지 크기를 축소한 다음 [Enter]를 누릅니다.

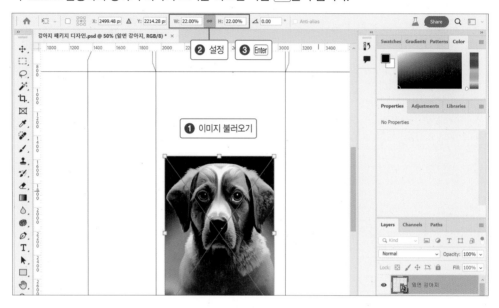

06 │ 같은 방법으로 패키지 뒷면에 '뒷면 강아지' 이미지를 가져옵니다. 옵션바에서 W와 H를 각각 '24%'로 설정하여 크기를 축소한 다음 [Enter]를 누릅니다.

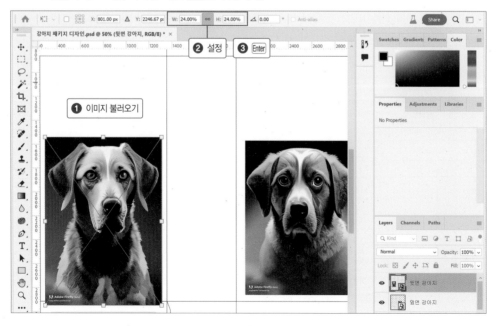

포토샵 AI 기능을 이용하여 사실적인 강아지 이미지를 생성할 수 있지만, 예제에서는 회화적인 느낌을 살리기 위해 어도비 파이어플라이(Adobe Firefly) 앱을 사용하여 강아지 이미지를 생성하였습니다.

어도비 파이어플라이 앱을 설치한 다음 Text to image 항목의 (Generate)를 클릭합니다. 텍스트 창에 생성하고자 하는 AI 이미지 프롬프트를 영문으로 번역하여 입력합니다. 예제에서는 강아지 앞모습인 'dog front view' 를 입력한 다음 (Generate)를 클릭하여 이미지를 생성하였습니다.

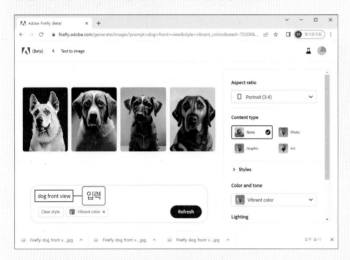

포토샵에서 프롬프트 창에 원하는 강아지 종을 영문으로 입력하면 사실적인 형태의 강아지 이미지를 생성할 수 있습니다.

프롬프트: Golden Retriever dog   프롬프트: Happy poodle dog   프롬프트: Shepherd dog

이미지 확장하여 생성형 채우기

01 │ 이미지 확장을 위해 지기 구조에 맞게 그리드를 구성합니다. Ctrl+R을 눌러 눈금자를 표시한 다음 왼쪽과 상단 눈금자를 지기 구조 위치에 각각 드래그하여 안내선을 만듭니다. Layers 패널에서 '지기구조' 레이어의 '눈' 아이콘(◉)을 클릭하여 이미지를 숨깁니다.

> 레이어에서 지기 구조를 나타낸 다음 이미지를 확장하면 지기 구조 라인이 확장된 이미지에 나타나기 때문에 배경 이동 또는 수정이 어렵습니다. 따라서 강아지 이미지를 확장할 때 지기 구조 레이어를 보이지 않게 숨긴 다음 이미지 확장하는 것이 작업의 효율성을 높일 수 있습니다.

02 │ 패키지 앞면 이미지 확장을 위해 Tools 패널에서 사각형 선택 도구(▢)를 선택하고 확장할 부분을 드래그하여 선택 영역으로 지정합니다. (Contextual Task Bar)의 (Generative Fill)을 클릭합니다.

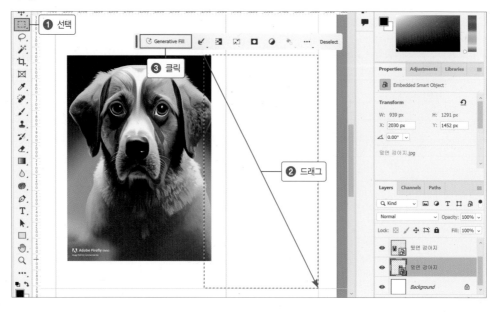

03 │ 프롬프트 창이 표시되면 (Generate)를 클릭하여 이미지를 확장합니다.

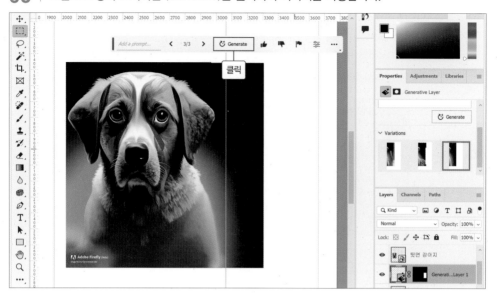

04 │ 자연스럽게 확장된 3번 이미지를 선택한 다음 오른쪽 끝까지 확장하기 위해 한 번 더 사각형 선택 도구(▣)로 확장할 부분을 드래그하여 선택 영역으로 지정합니다. (Contextual Task Bar)의 (Generative Fill)을 클릭하여 프롬프트 창이 표시되면 (Generate)를 클릭합니다.

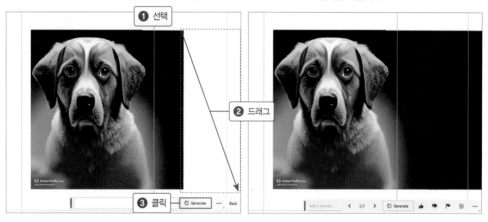

05 | 앞면 지기 구조에 맞게 왼쪽도 이미지를 확장합니다. 사각형 선택 도구(▣)로 확장할 부분을 드래그하여 선택 영역으로 지정한 다음 (Contextual Task Bar)의 (Generative Fill)을 클릭하여 프롬프트 창이 표시되면 (Generate)를 클릭합니다.

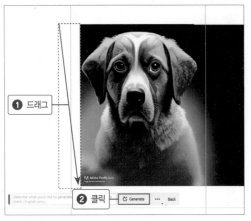

06 | 같은 방법으로 상단도 이미지를 확장합니다. 사각형 선택 도구(▣)로 확장할 부분을 드래그하여 선택 영역으로 지정한 다음 (Contextual Task Bar)의 (Generative Fill)을 클릭하여 프롬프트 창이 표시되면 (Generate)를 클릭합니다.

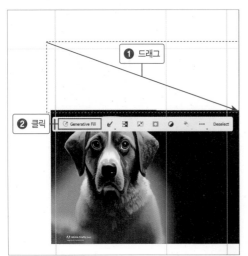

Layers 패널에서 앞면 강아지 관련 레이어를 그룹화합니다. '앞면 강아지' 레이어와 'Generative Layer 1~4' 레이어를 선택한 다음 마우스 오른쪽 버튼을 클릭하고 Group from Layers를 실행합니다. 그룹 레이어 이름은 '앞면 강아지'로 변경합니다.

07 | 뒷면 이미지 확장을 위해 Layers 패널에서 '앞면 강아지' 그룹 레이어 폴더의 '눈' 아이콘(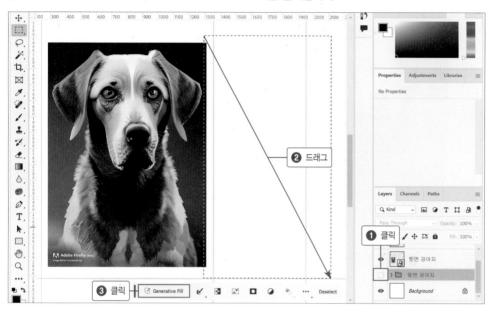)을 클릭하여 이미지를 숨깁니다. 사각형 선택 도구(⬚)로 확장할 부분을 드래그하여 선택 영역으로 지정한 다음 (Contextual Task Bar)의 (Generative Fill)을 클릭합니다.

08 | 프롬프트 창이 표시되면 (Generate)를 클릭합니다.

09 │ 뒷면 지기 구조에 맞게 왼쪽 이미지도 확장합니다. 사각형 선택 도구(▦)로 확장할 부분을 드래그하여 선택 영역으로 지정한 다음 (Contextual Task Bar)의 (Generative Fill)을 클릭하여 프롬프트 창이 표시되면 (Generate)를 클릭합니다.

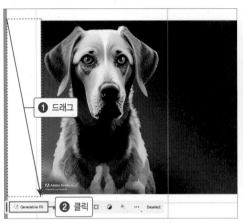

10 │ 같은 방법으로 상단 이미지도 확장합니다. 사각형 선택 도구(▦)로 확장할 부분을 드래그해 선택 영역으로 지정한 다음 (Contextual Task Bar)의 (Generative Fill)을 클릭하여 프롬프트 창이 표시되면 (Generate)를 클릭합니다.

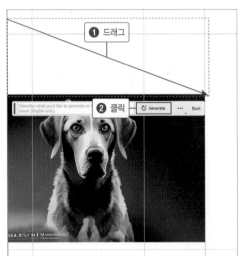

Layers 패널에서 뒷면 강아지 관련 레이어를 그룹화합니다. '뒷면 강아지' 레이어와 'Generative Layer 5'~'Generative Layer 7' 레이어를 선택한 다음 마우스 오른쪽 버튼을 클릭하고 **Group from Layers**를 실행합니다. 그룹 레이어 이름은 '뒷면 강아지'로 변경합니다.

11 이미지가 확장된 측면 배경 이미지가 앞면 왼쪽을 가립니다. Tools 패널에서 이동 도구(✛)를 선택하고 캔버스에서 가리고 있는 이미지를 선택하면 자동으로 해당 이미지 레이어로 이동합니다. 사각형 선택 도구(▱)를 선택하고 가려진 이미지 부분을 드래그하여 선택 영역으로 지정합니다.

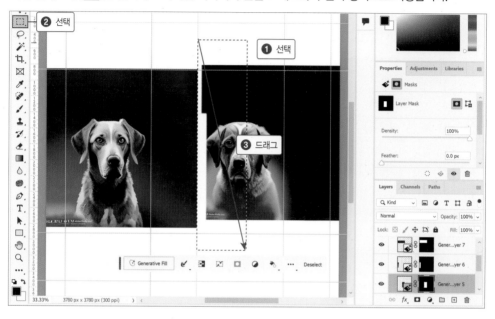

12 Layers 패널에서 레이어 마스크 섬네일을 선택합니다. 전경색을 '검은색'으로 지정한 다음 Alt + Delete 를 눌러 마스크를 적용합니다.

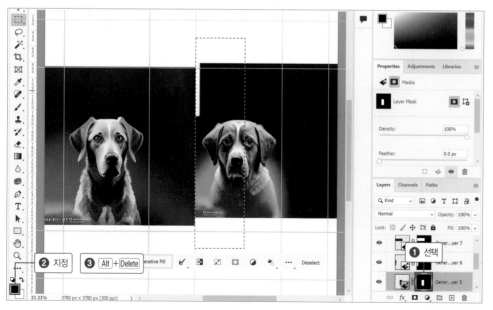

13 | 같은 방법으로 이동 도구(✛)로 앞면 왼쪽을 가리고 있는 이미지를 선택하면 자동으로 선택한 레이어로 이동합니다. 사각형 선택 도구(▣)로 가려진 이미지 부분을 드래그해 선택 영역으로 지정한 다음 전경색을 '검은색'으로 지정하고 Alt + Delete 를 눌러 마스크를 적용합니다.

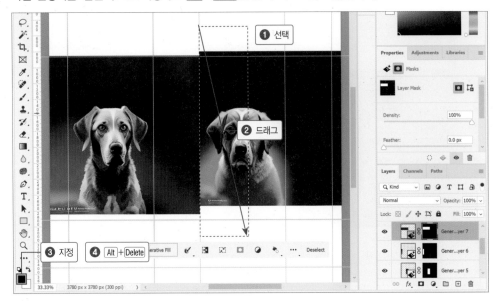

14 | 같은 방법으로 상단과 좌우에 마스크를 적용합니다. Ctrl + H 를 눌러 그리드를 숨기고 Layers 패널에서 '지기구조' 레이어의 '눈' 아이콘(◉)을 클릭하여 이미지를 나타냅니다.

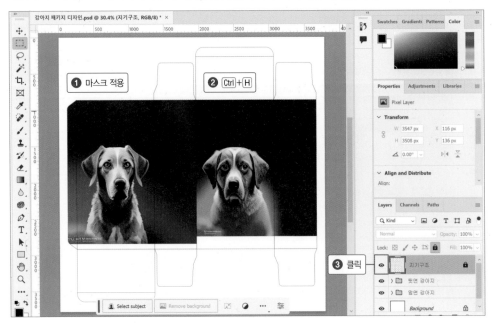

패키지 앞면 디자인하기

01 | Tools 패널에서 사각형 도구(▢)를 선택한 다음 지기 구조 아래쪽에 드래그합니다. Transform 패널에서 W를 '300mm', H를 '38mm'로 설정하여 크기를 지정합니다. Apprance 패널의 Fill을 'C:57%, M:80%, Y:0%, K:0%'로 지정합니다.

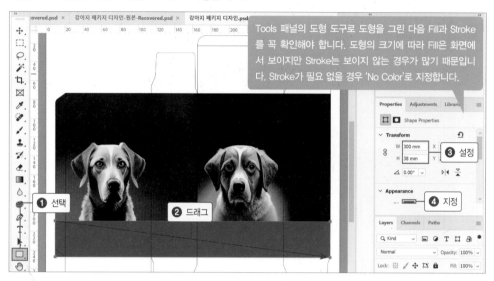

> Tools 패널의 도형 도구로 도형을 그린 다음 Fill과 Stroke를 꼭 확인해야 합니다. 도형의 크기에 따라 Fill은 화면에서 보이지만 Stroke는 보이지 않는 경우가 많기 때문입니다. Stroke가 필요 없을 경우 'No Color'로 지정합니다.

알아두기 단위 설정하기

Properties 패널에서 Transform의 W와 H가 Pixels로 지정되어 있을 경우 'Millimeters'로 지정하려면 먼저 메뉴에서 (**Edit**) → **Preferences** → **Units & Rulers**를 실행합니다. Preferences 대화상자가 표시되면 Units 항목의 Rulers를 'Millimeters'로 지정하고 (OK) 버튼을 클릭합니다.

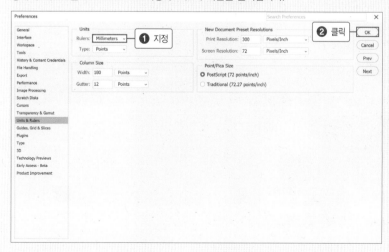

02 | 앞면 강아지 머리 위에 왕관을 만들기 위해 올가미 도구(⟨○⟩)로 왕관이 위치할 영역을 드래그 하여 선택 영역으로 지정합니다. (Contextual Task Bar)의 (Generative Fill)을 클릭합니다.

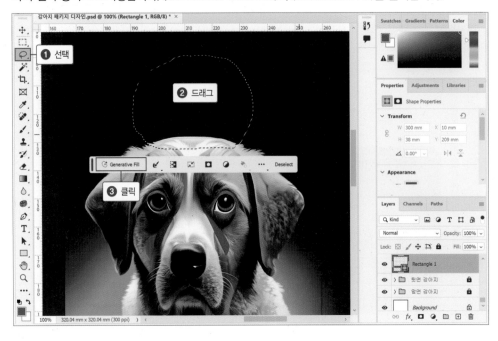

03 | 프롬프트 창이 표시되면 'Crown'을 입력한 다음 (Generate)를 클릭합니다. 그림과 같이 왕 관이 구성 요소로 생성되었습니다.

04 │ 브랜드 네임을 디자인하기 위해 Tools 패널에서 문자 도구(T.)를 선택한 다음 왕관 위에 'ROYAL DOG'을 입력합니다. Character 패널에서 글꼴을 'DIN 2014', 글꼴 스타일을 'Bold', 글자 크기를 '36pt', 자간을 '−10'으로 설정하고, Color는 'C:30%, M:40%, Y:100%, K:0%'로 지정합니다.

05 │ 브랜드 네임 아래 슬로건을 디자인하기 위해 문자 도구(T.)로 'Super premium food'를 입력합니다. Character 패널에서 글꼴을 'DIN 2014', 글꼴 스타일을 'Bold', 글자 크기를 '14pt', 자간을 '−10'으로 설정하고, Color를 'C:30%, M:40%, Y:100%, K:0%'로 지정합니다.

06 | 브랜드 네임 왼쪽 상단에 왕관 로고를 생성하기 위해 Tools 패널에서 사각형 선택 도구(▦)를 선택하고 드래그하여 선택 영역으로 지정합니다. (Contextual Task Bar)의 (Generative Fill)을 클릭하여 프롬프트 창이 표시되면 'Crown'을 입력한 다음 (Generate)를 클릭합니다. 그림과 같이 왕관이 구성 요소로 생성되었습니다.

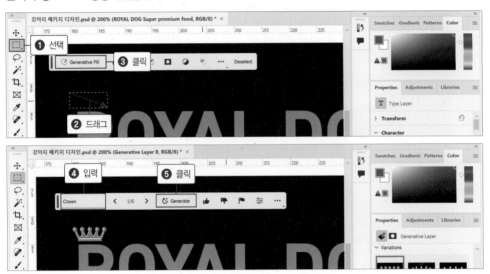

07 | 사각형 도구(▭)를 선택한 다음 지기 구조 하단에 드래그합니다. Transform 패널의 W를 '107mm', H를 '16mm'로 설정합니다. Fill은 'C:0%, M:50%, Y:100%, K:0%'로 지정합니다.

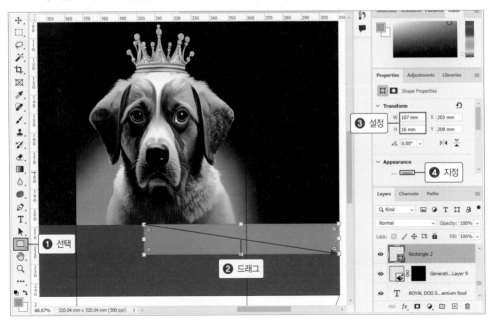

08 │ 사각형 도구(▭)로 주황색 사각형 하단 부분에 드래그합니다. Transform 패널에서 W를 '107mm', H를 '8mm'로 설정합니다. Fill은 'C:80%, M:15%, Y:40%, K:0%'로 지정합니다.

09 │ 내용을 입력하기 위해 Tools 패널에서 문자 도구(T)를 선택한 다음 'FRESH CHICKEN & BEEF'를 입력합니다. Character 패널에서 글꼴을 'DIN 2014', 글꼴 스타일을 'Bold', 글자 크기를 '16pt', 행간을 '16pt', 자간을 '-10'으로 설정하고, Fill을 '흰색'으로 지정합니다. '100% organic'은 글자 크기를 '12pt', '-31% FAT, -14% CALORIES'는 글자 크기를 '16pt'와 '12pt', 자간을 '-25'로 설정하고, Fill을 'C:0%, M:50%, Y:100%, K:0%'와 '흰색(C:0%, M:0%, Y:0%, K:0%)'으로 지정합니다.

10 │ 신선한 닭고기와 소고기 재료 이미지를 생성하기 위해 올가미 도구(￼)를 선택하고 먼저 닭고기가 위치할 영역을 드래그하여 선택 영역으로 지정합니다. (Contextual Task Bar)의 (Generative Fill)을 클릭하여 프롬프트 창이 표시되면 'fresh chicken and beef'를 입력한 다음 (Generate)를 클릭합니다. 그림과 같이 신선한 닭고기가 구성 요소로 생성되었습니다.

11 │ 같은 방법으로 소고기, 시금치, 허브, 고구마 재료를 생성하기 위해 올가미 도구(￼)로 선택 영역을 지정합니다. (Contextual Task Bar)의 (Generative Fill)을 클릭하여 프롬프트 창이 표시되면 각각 'beef', 'spinach', 'rosemary herb', 'sweet potato'를 입력한 다음 (Generate)를 클릭합니다. 그림과 같이 신선한 재료가 구성 요소로 생성되었습니다.

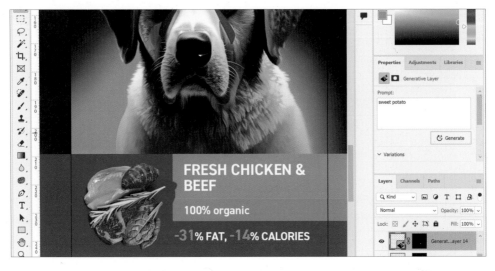

먼저 생성된 사각형 레이어가 일부 재료에 가려져 Layers 패널에서 레이어를 이동합니다. 이동할 레이어를 모두 선택한 다음 'Rectangle 2' 레이어 아래로 이동합니다.

12 | Tools 패널에서 원형 도구(◯)를 선택한 다음 강아지 왼쪽에 Shift를 누르면서 드래그하여 정원을 그립니다. Transform 패널에서 W/H를 각각 '10mm'로 설정하고 Fill을 'C:30%, M:40%, Y:100%, K:0%'로 지정합니다. 문자 도구(T)를 선택한 다음 '3kg'을 입력합니다. Character 패널에서 글꼴을 'DIN 2014', 글꼴 스타일을 'Bold', 글자 크기를 '12pt', 자간을 '−10'으로 설정하고, Color를 '흰색'으로 지정합니다.

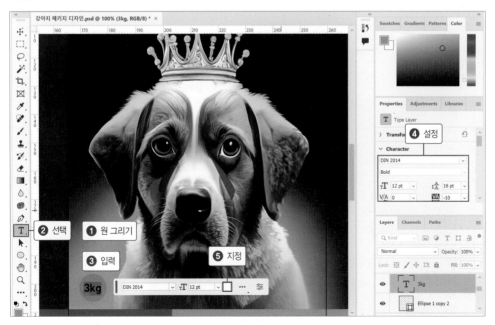

13 │ 원형 도구(◎)를 선택한 다음 Shift를 누르면서 드래그하여 정원을 그립니다. Transform 패널의 W/H를 각각 '13mm'로 설정하고 Appearance에서 Fill을 'No Color', Stroke를 'C:0%, M:50%, Y:100%, K:0%'로 지정한 다음 Set shape stroke width를 '5px'로 설정합니다. Set shape stroke type은 '점선'을 선택한 다음 Dashed Line에서 Dash를 '0', Gap을 '2'로 설정합니다.

14 │ Tools 패널에서 문자 도구(T)를 선택한 다음 'Free GMO'를 입력합니다. 옵션바에서 글꼴을 'DIN 2014', 글꼴 스타일을 'Bold', 글자 크기를 '12pt', 행간을 '12pt', '자간을 '−10'으로 설정하고, Fill을 'C:0%, M:50%, Y:100%, K:0%'로 지정합니다.

15 | Layers 패널에서 패키지 앞면 디자인 관련 레이어를 모두 선택한 다음 마우스 오른쪽 버튼을 클릭하고 **Group from Layers**를 실행합니다. 그룹 레이어 이름은 '앞면 디자인'으로 변경합니다.

패키지 뒷면 디자인하기

01 | 패키지 앞면과 뒷면의 디자인은 동일하며, 강아지 이미지만 다르게 디자인합니다. Layers 패널에서 '앞면 디자인' 레이어 폴더를 선택한 다음 Ctrl+J를 눌러 복제합니다. 복제된 레이어 이름을 '뒷면 디자인'으로 변경합니다. Tools 패널에서 이동 도구(✛)를 선택하고 옵션바에서 'Group'으로 지정한 다음 패키지 뒷면으로 Shift를 누르면서 이동합니다.

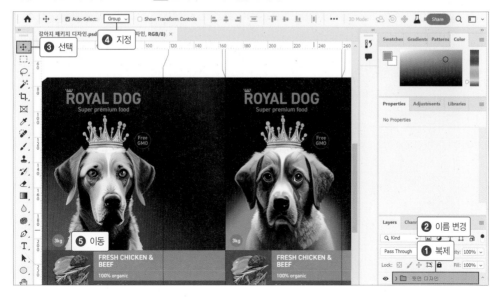

02 │ 이동 도구(⊹)가 선택된 상태로 옵션바에서 'Layer'를 지정한 다음 강아지 머리 위의 왕관을 클릭하면 자동으로 왕관 레이어인 'Generative Layer 8'이 선택됩니다. 마술봉 도구(⚟)를 선택한 다음 왕관 주변의 검은색 배경을 클릭합니다.

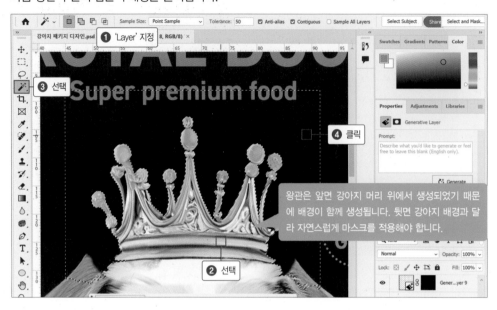

03 │ Layers 패널에서 'Generative Layer 8' 레이어의 레이어 마스크 섬네일을 선택하고 전경색을 '검은색'으로 지정한 다음 Alt + Delete 를 누릅니다. 배경에 검은색 마스크가 적용됩니다.

04 | 같은 방법으로 마술봉 도구()로 왕관 앞쪽 주변을 선택하여 마스크를 적용합니다.

05 | 브랜드 네임 위의 작은 왕관도 패키지 앞면에서 생성되었기 때문에 배경에 마스크를 적용합니다. Layers 패널에서 'Generative Layer 9' 레이어의 레이어 마스크 섬네일을 선택하고 마술봉 도구(📷)로 왕관 배경을 선택합니다. 전경색을 '검은색'으로 지정한 다음 Alt + Delete 를 누르면 배경에 검은색 마스크가 적용됩니다.

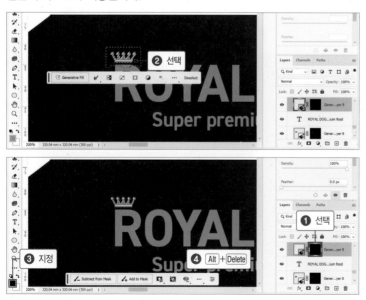

06 | 패키지 뒷면 디자인을 완성합니다.

패키지 측면 디자인하기

01 | Layers 패널에서 'Ellipse 1 copy 2'와 '3kg' 레이어를 선택한 다음 Ctrl+J를 눌러 복제합니다. Tools 패널에서 이동 도구(⊕)를 선택하고 패키지 왼쪽 측면으로 이동합니다. 원 색상을 변경하기 위해 전경색은 'C:57%, M:80%, Y:0%, K:0%'로 지정한 다음 Alt+Delete를 누릅니다.

02 │ Layers 패널에서 '100% organic' 레이어를 선택한 다음 Ctrl+J를 눌러 복제합니다. 이동 도구(✛)를 이용해 패키지 왼쪽 측면으로 이동합니다. Character 패널에서 글꼴을 'DIN 2014', 글꼴 스타일을 'Bold', 글자 크기를 '14pt', '자간을 '−10'으로 설정하고, 전경색은 'C:%, M:50%, Y:100%, K:0%'로 지정한 다음 Alt+Delete를 누릅니다.

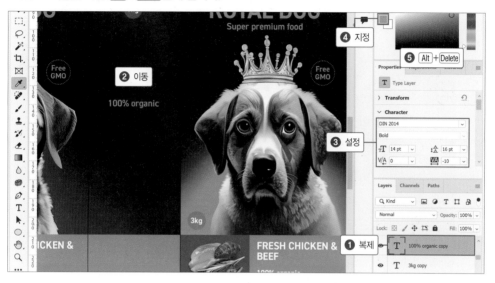

03 │ Tools 패널에서 원형 도구(◯.)를 선택한 다음 Shift를 누르면서 드래그하여 정원을 그립니다. Transform 패널에서 W/H를 각각 '33mm'로 설정하고 Appearance에서 Fill과 Stroke를 'No Color'로 지정합니다.

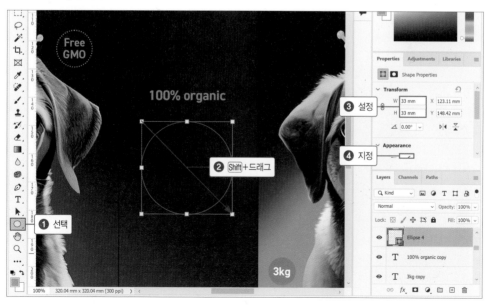

04 | 문자 도구(T.)를 선택한 다음 패키지 뒷면의 'FRESH CHICKEN & BEEF'를 드래그하고 Ctrl+C를 눌러 복사합니다. Layers 패널에서 'Ellipse 4' 레이어를 선택한 다음 원형 왼쪽을 클릭하고 Ctrl+V를 눌러 붙여넣습니다. 'BEEF'는 직접 입력합니다.

알아두기　전체 텍스트를 붙여넣을 수 없는 이유

복사한 'FRESH CHICKEN & BEEF'에서 원형을 따라 전체 텍스트를 붙여넣을 수 없는 이유는 Enter가 적용되어 두 줄로 되어 있기 때문이며, 첫 번째 줄만 원형을 따라 붙여넣어집니다.

05 │ 문자 도구(T.)를 선택한 다음 원에 적용된 문자를 드래그해 선택합니다. Character 패널에서 글꼴을 'DIN 2014', 글꼴 스타일을 'Bold', 글자 크기를 '9pt', 자간을 '−10'으로 설정하고, 전경색을 'C:0%, M:50%, Y:100%, K:0%'로 지정합니다.

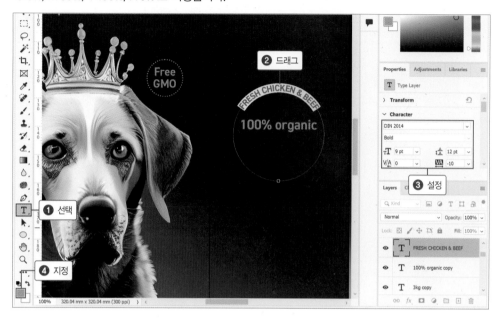

06 │ 문자 도구(T.)로 내용을 입력합니다. Character 패널에서 글꼴을 'DIN 2014', 글꼴 스타일을 'Bold', 글자 크기를 '10pt', 행간을 '11pt', '자간을 '−10'으로 설정하고, Fill을 '흰색'으로 지정합니다.

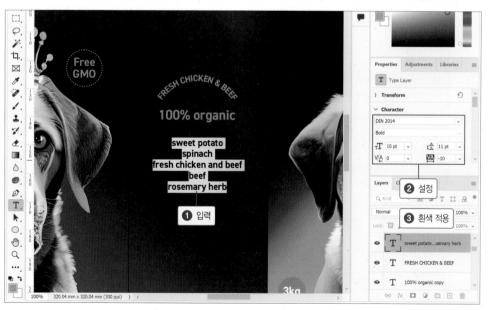

07 Tools 패널에서 이동 도구(⊕)를 선택하고 패키지 뒷면의 브랜드 네임과 작은 왕관을 선택한 다음 [Alt]를 누르면서 이동해 복제합니다.

08 브랜드 네임과 왕관 로고를 축소하기 위해 [Ctrl]+[T]를 누르고 옵션바에서 W와 H를 '40%'로 설정합니다.

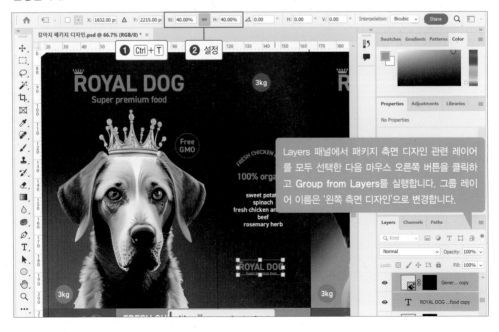

Layers 패널에서 패키지 측면 디자인 관련 레이어를 모두 선택한 다음 마우스 오른쪽 버튼을 클릭하고 **Group from Layers**를 실행합니다. 그룹 레이어 이름은 '왼쪽 측면 디자인'으로 변경합니다.

09 | Layers 패널에서 '왼쪽 측면 디자인' 레이어 폴더를 선택한 다음 Ctrl+J를 눌러 복제합니다. 복제된 레이어 이름을 '오른쪽 측면 디자인'으로 변경합니다. 이동 도구(⊹)가 선택된 채 옵션바에서 'Group'을 지정한 다음 패키지 오른쪽 측면으로 Shift를 누르면서 이동합니다.

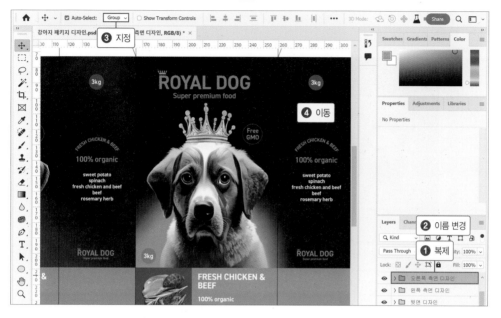

패키지 윗면과 아랫면 디자인하기

01 | 패키지의 윗면과 아랫면에 색상을 적용하기 위해 Layers 패널에서 '지기구조' 레이어를 선택한 다음 Tools 패널의 마술봉 도구(⚟)로 윗면과 아랫면을 Shift를 누르면서 클릭해 선택 영역을 추가합니다.

02 | Layers 패널에서 'Create New Layer' 아이콘(⊞)을 클릭하여 새로운 레이어가 생성되면 레이어 이름을 '윗면과 아랫면'으로 변경합니다. 전경색을 'C:%, M:50%, Y:100%, K:0%'로 지정한 다음 Alt + Delete 를 누릅니다.

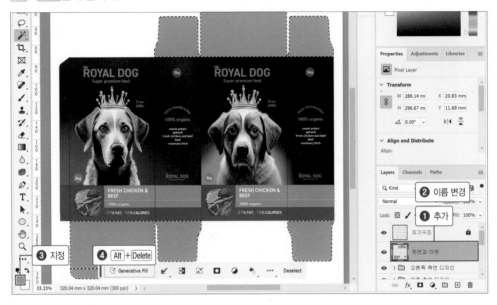

03 | Tools 패널에서 이동 도구(⊕)를 선택하고 옵션바에서 'Layer'로 지정합니다. 패키지 뒷면의 브랜드 네임과 작은 왕관을 선택한 다음 Alt 를 누르면서 이동합니다. Layers 패널에서 '윗면과 아랫면' 레이어보다 브랜드 네임과 작은 왕관이 밑에 있어 가려집니다.

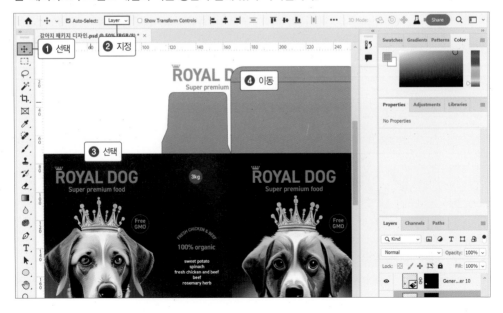

04 복사한 브랜드 네임과 작은 왕관 레이어를 Layers 패널에서 '윗면과 아랫면' 레이어 위로 이동합니다.

05 브랜드 네임과 왕관 로고를 축소하기 위해 Ctrl+T를 누르고 옵션바에서 W와 H를 '60%'로 설정합니다.

06 │ 이동 도구(⊕)로 브랜드 네임을 선택한 다음 배경색을 '흰색'으로 지정하고 Ctrl+Delete를 누릅니다.

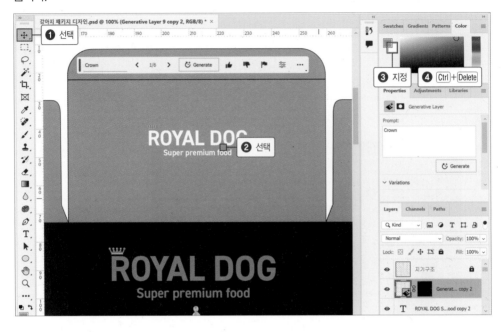

07 │ 왕관 로고를 선택하고 Layers 패널의 'Generative Layer 9 copy 2' 레이어에서 마우스 오른쪽 버튼을 클릭한 다음 **Rasterize Layer**를 실행합니다.

08 | Layers 패널에서 'Lock transparent pixels' 아이콘(▨)을 클릭한 다음 Ctrl+Delete 를 눌러 배경색인 흰색을 적용합니다.

09 | 이동 도구(✛)로 왼쪽 측면의 '100% organic'을 복사하기 위해 Alt 를 누르면서 이동합니다. Layers 패널에서 '윗면과 아랫면' 레이어 위로 이동한 다음 Ctrl+Delete 를 눌러 흰색을 적용해서 완성합니다.

PART
4

일러스트레이터?
이젠 AI로 그린다!

포토샵과 미드저니로
실무 디자인하기

디자인 요소를 그리거나 비싼 이미지를 구입해야 하는 불편함 없이 미드저니로 이미지 소스를 만들 수 있습니다. 미드저니에서는 원하는 이미지를 텍스트로 생성한 다음, 피드백을 통해 점차 완성도 높은 결과물 얻게 됩니다. 스튜디오 촬영 없이 상업 포스터 제작이 가능하며, 별도의 3D 작업을 하지 않아도 입체감 있는 브랜드 심볼 디자인을 생성할 수 있습니다. 미드저니는 연속적인 이미지 작업이 가능하기 때문에 이야기를 연결하여 표현하는 스토리보드나 새로운 레이아웃의 웹 디자인 시안까지 빠르게 제안합니다. 실무 디자인을 미드저니와 포토샵으로 완성해 보세요.

텍스트로 그리는 마법,
이미지 생성 인공지능 미드저니

미드저니(Midjourney)는 텍스트를 입력하면 자동으로 해당하는 이미지를 생성하는 인공지능입니다. 사용을 위해서는 약간의 프롬프트 명령어를 이해해야 하지만, 한번 익히면 온라인 채널과 같은 서버를 통해 원하는 이미지를 쉽게 얻을 수 있습니다. 또한, 작업물이 공개되어 있어 다른 사람의 작품으로부터 영감을 받는 것도 가능합니다.

글 하나로 그려지는 미드저니 활용하기

미드저니는 이미지를 생성하는 능력을 갖춘 인공지능 모델입니다. 이를 통해 사용자는 이미지를 그리지 않고도 텍스트로 작성해 원하는 이미지를 얻을 수 있습니다. 최근 업데이트가 진행되고 있지만, 여전히 미드저니가 생성하는 이미지들이 완벽하다고 보기는 어렵습니다. 미드저니는 학습 데이터에 기반하여 이미지를 생성하기 때문에, 데이터에 없는 물체나 상상 속 요소를 정확하게 그리기 어려울 수 있고, 초고해상도 이미지 생성에도 한계가 있습니다. 그러나 미드저니를 활용하면 글을 통해 창의적인 이미지를 얻을 수 있으며, 디자인 프로젝트 초기 단계에서 아이디어를 시각적으로 확인하고 조합하는 데 많은 도움을 받을 수 있습니다.

디자인 산업에서는 미드저니를 활용하여 특수 효과나 예술적인 스타일의 이미지 생성이 더욱 쉬워지고, 시간 소모적인 작업을 효율적으로 처리할 수 있습니다. 일반인도 미드저니를 사용하여 예술적인 이미지를 만들고 보다 수준 높은 개인화 콘텐츠를 제공할 수 있습니다. 교육 분야에서도 학습 도구나 창의적인 교육 콘텐츠를 개발하는 데 활용될 수 있습니다. 윤리적인 쟁점과 저작권 문제를 고려하여 적절하게 활용한다면 미드저니는 예술과 디자인 분야에서 많은 사람에게 도움을 줄 수 있습니다.

미드저니를 활용해 디자인 프로젝트의 초기 단계에서 이미지를 생성하면 아이디어를 시각적으로 확인하고 조합하는 데 큰 도움을 받을 수 있습니다. 특히 초기 단계의 산출물은 고해상도가 필수적이지 않기 때문에 미드저니의 결과물을 살펴보면서 새로운 아이디어를 얻고 시각적 표현을 다양하게 구현하는 데 도움이 됩니다. 빠르게 생성된 미드저니의 이미지를 사용하여 디자인 컨셉을 시험하고 최적의 방향을 찾아낼 수 있습니다.

미디어, 광고, 영화 등 시각 예술 산업에서도 미드저니와 같은 기술이 큰 영향을 미치고 있습니다. 특수 효과나 예술적인 스타일의 이미지 생성이 쉬워져 수십 번의 수정과 시행착오를 겪지 않고도 다양한 스타일의 효과를 현장에서 쉽게 시험할 수 있습니다. 미드저니는 여러 스타일을 동시에 보여주며, 새로운 디자인 스타일을 발견하고 작업에 적용하는 데 디자이너들에게 창의성을 제공합니다.

또한, 반복적이고 시간 소모적인 작업을 미드저니에 맡길 수 있어 효율적으로 작업에 집중할 수 있습니다. 예를 들어, 소셜 미디어 광고의 경우 빠르게 대량의 콘텐츠를 생성하여 홍보와 마케팅에 적용할 수 있습니다. 일반인이나 개인도 이미지 생성 인공지능을 활용하여 간단한 설명이나 아이디어를 바탕으로 예술적인 이미지를 만들 수 있습니다. 이러한 개인화된 콘텐츠 제공은 사용자들의 취향과 관심사에 맞는 창의적인 이미지를 공유하는 데 도움이 됩니다.

교육과 학습 분야에서도 미드저니를 활용하여 시각적인 학습 도구를 만들거나 창의적인 교육 콘텐츠를 개발하는 데 활용할 수 있습니다. 다만, 미드저니를 사용하는 데에는 윤리적인 쟁점과 저작권 문제가 고려되어야 합니다. 적절하게 사용함으로써 예술과 디자인 분야에서 더 많은 사람에게 창의적 표현과 효율적인 작업 도구를 제공할 수 있을 것입니다.

미드저니 첫 스텝, 프롬프트 작성하기

사용자는 미드저니에 원하는 이미지를 설명하는 문장을 프롬프트 형태로 작성합니다. 이때 가능한 구체적이고 명확한 설명을 제공하는 것이 미드저니를 통해 우리가 원하는 이미지를 빠르고 영리하게 얻는 지름길입니다. 미드저니는 사용자가 입력하는 텍스트를 채팅창을 통해 프롬프트라는 형식으로 받습니다. 일반인도 특별한 프로그래밍 지식이나 언어 능력이 없어도 간단한 문장으로 원하는 이미지를 설명할 수 있습니다.

❶ 미드저니와는 마치 채팅하듯 소통합니다. 채팅방 하단의 텍스트 프롬프트 창에 키워드를 삽입하여 AI에게 명령어를 전달합니다. 현재는 영어로만 명령이 가능합니다. 채팅창이 보이지 않으면 왼쪽 서버 영역에서 요트 모양 아이콘을 클릭한 다음, 채팅방에 방문하거나 개인 서버를 만들어 활용할 수 있습니다.

❷ 미드저니에게 그림 생성을 명령하기 전에는 무조건 [/imagine]이라는 문구가 먼저입니다. 이것이 디스코드에서 통용되는 명령어입니다. '/(슬래시)+명령어'를 이용해야 하는데, 입력창에 커서를 삽입한 다음 '/(슬래시)'만 삽입해도 자동 완성 팝업이 표시되어 손쉽게 이용할 수 있습니다.

❸ 프롬프트 창에 키워드(예 : 아래의 명령어)를 삽입한 다음 Enter를 누르세요.

[예시 프롬프트] /imagine prompt

One months cute baby

미드저니 설치하기

미드저니는 디스코드 플러그인 형태로 데모가 제공되기 때문에 미드저니를 사용하려면 먼저 디스코드 사이트에서 회원가입을 진행해야 합니다. 디스코드 계정에 가입해 미드저니를 구독하는 방법을 알아봅니다.

미드저니 가입하기

01 │ 미드저니(midjourney.com) 사이트로 이동하고 하단의 〔Join the Beta〕 버튼을 클릭합니다. 디스코드 초대장에서 별명(사용자명)을 입력한 다음 〔계속하기〕 버튼을 클릭합니다. 디스코드 계정을 가지고 있는 경우 '이미 계정이 있으신가요?'를 클릭하고 이메일 또는 전화번호, 비밀번호를 입력한 다음 〔로그인〕 버튼을 클릭합니다.

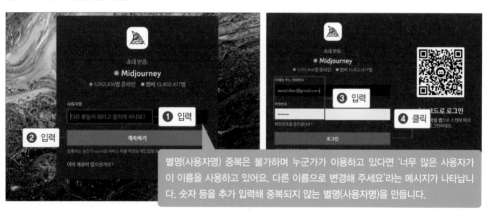

별명(사용자명) 중복은 불가하며 누군가가 이용하고 있다면 '너무 많은 사용자가 이 이름을 사용하고 있어요. 다른 이름으로 변경해 주세요'라는 메시지가 나타납니다. 숫자 등을 추가 입력해 중복되지 않는 별명(사용자명)을 만듭니다.

02 │ '사람입니다'에 체크 표시하고 안내에 따라 해당 이미지를 선택한 다음 〔검사〕 버튼을 클릭합니다.

03 | 생년월일을 입력한 다음 이메일과 비밀번호를 등록하고 〔계속하기〕 버튼을 클릭합니다.

안내와 함께 메일에 디스코드용 이메일 주소 인증 메일이 전송됩니다.

04 | 메일을 열고 '이메일 인증'을 클릭합니다. 이제 디스코드 플랫폼을 이용할 준비가 되었습니다.

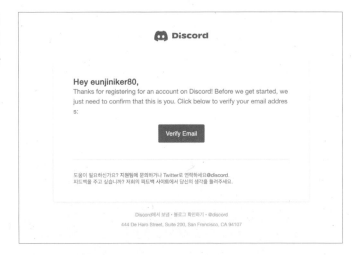

05 | 이메일 인증 후 디스코드 사이트에서 처음으로 나타나는 화면입니다. 왼쪽 상단에 위치한 '+' 아이콘을 클릭합니다. 이를 통해 디스코드 계정에 미드저니 서버를 추가할 수 있습니다.

06 | 서버 만들기 창이 표시되면 [서버 참가하기] 버튼을 클릭합니다. [초대장이 없으신가요?] 버튼을 클릭합니다. 다음 과정에서 가입하려는 서버를 검색할 수 있습니다.

07 | 추천 커뮤니티에서 미드저니를 찾아 클릭합니다. [Getting Started] 버튼을 클릭하면 미드저니 디스코드 서버로 이동합니다.

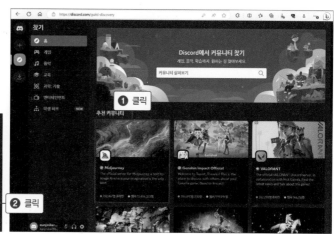

08 | 무료 회원은 이미지를 생성할 수 있는 권한은 없지만, 왼쪽 메뉴의 SHOWCASE에 속한 방에 방문하여 인터페이스를 살펴볼 수 있습니다. 다른 사용자들의 아트워크를 탐색하며 미드저니가 작동하는 방식을 미리 볼 수 있습니다.

미드저니 구독하기

01 | 작품을 만들려면 미드저니를 구독해야 합니다. 미리 보기 모드에서 나가기 위해 상단 파란색 바 메뉴에 위치한 (Midjourney에 참가하기) 버튼을 클릭합니다.

02 | 왼쪽 메뉴에서 NEWCOMER ROOMS 항목의 초보자 방에 입장합니다. 여기서는 '#newbies-43'을 더블클릭해 입장하였습니다.

03 | 유료 요금제에 가입하기 위해 디스코드에서 통용되는 명령어를 입력합니다. 하단 텍스트 프롬프트 창에 '/subscribe'를 입력하고 Enter를 누릅니다. 다른 방과는 달리 NEWCOMER ROOMS 항목의 프롬프트 창은 활성화되어 있습니다.

04 │ 미드저니가 다음
과 같은 메시지를 보냅니다.
(Manage Account) 버튼을
클릭합니다.

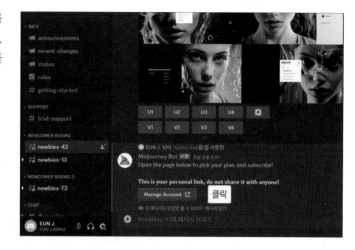

05 │ 미드저니 구독 페이지로 이동하면 3가지 요금제 종류가 표시됩니다. (Subscribe) 버튼을 클
릭하여 카드 결제를 진행합니다.

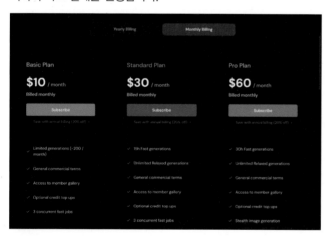

알아두기　요금제 종류

Basic Plan(10$)은 월 200개의 이미지 생성이 가능하며, 이미지를 생성할 수 있는 개인 대화방을 제공합니다.
Standard Plan(30$)은 15시간의 이미지 생성이 가능하며, 무제한의 느린 생성 및 개인 채팅방을 제공합니다.
Pro Plan(60$)의 경우 30시간의 빠른 이미지 생성, 무료 채팅방, 무제한의 느린 이미지 생성이 제공됩니다. 처
음 시작하는 경우 Basic Plan이 최선의 선택입니다. 미드저니 작동 방식에 익숙해지면 '/subscribe' 프롬프트
를 입력하여 언제든지 쉽게 업그레이드할 수 있습니다.

나만의 서버를 만들어 작업하기

01 | 나만의 서버를 만들기 위해 미드저니 왼쪽의 '+' 아이콘을 클릭한 다음 (서버 추가하기)를 클릭합니다.

많은 사람이 주어진 시간에 #newbies 방에서 이미지를 생성하기 때문에 정작 내 작업 과정을 신중히 살펴보기가 어렵습니다. 개인 서버를 만들어 미드저니와 비공개 메시지를 주고 받으면 편리합니다. 요청한 이미지도 찾기 쉬워집니다.

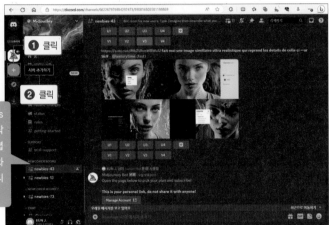

02 | 서버 만들기 창에서 (직접 만들기)를 클릭하고 (나와 친구들을 위한 서버)를 클릭합니다.

개인 서버를 생성해도 여기서 만든 이미지 및 첨부한 사진은 특정 공개방에 공개됩니다. 다른 사용자에게 내가 사용한 프롬프트와 첨부한 이미지를 공개하지 않으려면 미드저니 유료 요금제 중 Pro 요금제에만 제공 되는 '스텔스(Stealth) 모드'를 이용해야 합니다.

03 | 서버 이름을 입력하고 (만들기) 버튼을 클릭하면 개인 서버가 생성됩니다.

'EUN J.NEW' 서버가 생성되었습니다. 이렇게 만들어진 서버는 일반 채팅 채널 기능만 이용할 수 있습니다. 이미지를 만드는 미드저니 프롬프트를 추가하기 위해 미드저니 봇을 초대해야 합니다.

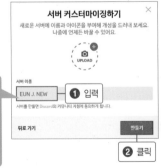

04 │ 미드저니 봇을 초대하기 위해 왼쪽의 '보트 모양' 아이콘을 클릭해 메인 화면으로 이동합니다. 오른쪽 상단의 '사람' 아이콘을 클릭해 회원 목록을 표시합니다.

05 │ 회원 목록에서 '미드저니 봇(Midjourney Bot)'을 찾아 클릭하세요. (서버에 추가) 버튼을 클릭해 서버에 추가 창이 표시되면 개인 서버에 미드저니 봇을 추가하기 위하여 서버에 추가에서 내 계정을 선택하고 (계속하기) 버튼을 클릭합니다.

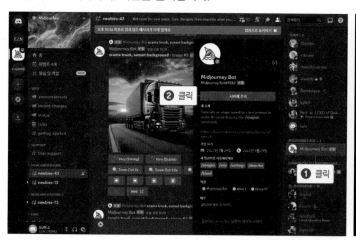

06 │ 접근 허용에 관한 메뉴가 표시되면 모든 항목을 체크 표시하고 (승인) 버튼을 클릭해 미드저니 봇 초대를 완료합니다. 미드저니 이미지 생성이 가능한 개인 채팅방이 만들어집니다.

> 개인 채팅방에 다른 사용자를 초대할 수 있습니다. 만든 이미지는 방을 삭제하거나, 탈퇴할 때까지 보관되어 언제든지 찾아서 다운로드할 수 있어 유용합니다.

미드저니
인터페이스 살펴보기

SECTION 03

미드저니는 디스코드 서버를 통해 메시지를 주고받는 형식으로 이미지를 생성합니다. 피드백을 통해 생성된 이미지가 수정되고 발전되기도 합니다. 미드저니의 인터페이스는 기본적으로 크게 네 가지 부분으로 나누어져 있습니다.

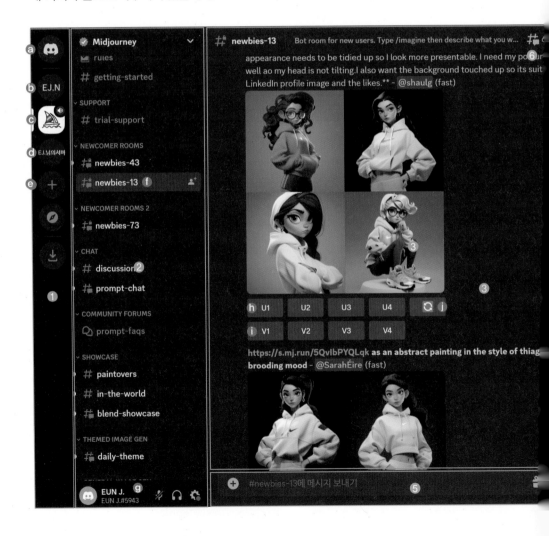

❶ 디스코드 서버 영역

나만의 미드저니 서버 또는 음악 서버, 동호회 등의 여러 친목 서버들을 추가할 수 있습니다. 다른 사용자들의 채널에 방문해 다양한 아트워크들을 참고할 수 있습니다. 생성된 이미지와 프롬프트를 함께 참고하고 분석하면 나만의 그림 스타일을 구축하는 데 큰 도움이 됩니다.

ⓐ 다이렉트 메시지

유료 사용자의 경우 다이렉트 메시지에서 미드저니 봇과 일대일로 작업할 수 있습니다. '다이렉트 메시지' 아이콘을 클릭한 다음 회원 목록에서 'Midjourney Bot'을 클릭합니다. 'Midjourney Bot'에게 메시지를 보내면 1:1 쪽지 대화가 시작됩니다.

ⓑ 개인 서버

개인 서버 아이콘입니다. 개인 서버를 생성하면 서버 영역에 다음과 같은 아이콘이 보여집니다.

ⓒ 서버 추가하기

서버를 추가할 수 있는 아이콘입니다. 나만의 미드저니 서버 또는 음악 서버, 동호회 등의 여러 친목 서버들을 추가할 수 있습니다.

ⓓ 서버 찾기 살펴보기

디스코드에서 다양한 커뮤니티를 찾을 수 있습니다. 미드저니 외에도 마인크래프트, 로블록스, OPEN AI 등 다양한 커뮤니티를 디스코드 모바일 앱 또는 디스코드 웹에서 실시간으로 관리할 수 있습니다. 원격으로 서버를 관리할 수 있는 방법을 찾는다면 디스코드 플러그인이 좋은 대안이 될 수 있습니다.

ⓔ 앱 다운로드하기

현재 디스코드는 윈도우, 맥 OS, 안드로이드, iOS를 모두 지원해 PC와 모바일에서 쉽게 사용할 수 있으며, 별도로 설치하지 않고 웹 브라우저에서 접속할 수 있습니다.

❷ 채널 영역

시작하는 방법이나 초보자들을 위한 안내, 프롬프트에 대한 공지사항 등과 다른 사람들이 개설한 방이 표시되는 메뉴 바입니다.

ⓕ 채널 영역에 여러 채널들이 있지만 처음 디스코드에 들어오면 'newbies'로 시작하는 채널들에 방문하게 됩니다. 어느 곳이나 방문하여 미드저니를 미리 경험할 수 있으나 무료 회원에게 채팅창이 활성화되어 있는 곳은 'newbies'로 시작하는 채널입니다.

채널에 들어가면 이미지들이 끊임없이 올라옵니다. 다른 사람들이 생성하는 사진들이니 당황하지 않고 사용자가 원하는 이미지를 확인하고, 다운로드하면 됩니다.

ⓖ 프로필

왼쪽 하단 모서리에 있는 프로필 사진을 클릭하면 고유한 아바타를 추가하고, 사용자 이름을 업데이트하는 등 자신을 표현하는 스타일을 만들 수 있습니다. 사용자의 아이디와 식별번호가 표시됩니다. 다양한 사용자 설정 아이콘이 위치해 있으며, 톱니바퀴 모양 아이콘을 클릭하면 사용자 계정과 기기 연결, 구독 설정과 로그아웃 기능 등을 확인할 수 있습니다.

❸ 채팅방 영역

미드저니에게 이미지 생성을 요청하고 결과물을 볼 수 있습니다. 또한 메뉴에서 공지사항을 선택하면 중요한 내용을 바로 확인할 수 있습니다.

ⓗ 〔U1〕, 〔U2〕, 〔U3〕, 〔U4〕는 업스케일 (Upscale)할 그림 위치입니다. 원하는 이미지를 업스케일하려면 4개 이미지 중 원하는 그림의 위치를 선택합니다. 버튼을 클릭하면 해당 이미지가 고해상도로 생성됩니다.

ⓘ 〔V1〕, 〔V2〕, 〔V3〕, 〔V4〕는 베리에이션 (Variation : 변형)할 그림의 위치입니다. 원하는 이미지를 베리에이션하려면 4개의 이미지 중 원하는 그림의 위치를 선택합니다. 버튼을 클릭하면 해당 이미지가 또 다른 버전으로 추가 생성됩니다.

ⓙ 이미지가 맘에 들지 않으면 〔Redo(재생성)〕 버튼을 클릭합니다.

❹ 디스코드 참여자 및 사용자 회원 목록

미드저니에서 그림을 생성하고 있는 사용자들과 각 채널 운영자들의 닉네임을 확인할 수 있는 회원 목록 영역입니다. 상단의 '사람' 아이콘을 클릭하여 회원 목록을 표시하거나 숨길 수 있습니다.

❺ 텍스트 프롬프트 채팅창 영역

그림을 생성할 명령어를 입력할 수 있는 채팅창입니다. 상상하는 모든 그림을 영문 텍스트로 작성해서 명령어를 생성하는 곳입니다. 디스코드 명령어를 사용하여 작업을 진행합니다.

❻ 스레드

하나의 채널에서 서로 주제가 다른 이야기를 하여 대화가 통하지 않는 경우가 있습니다. 그렇다고 해당 주제에 관한 채널을 만들자니 번거롭게 느껴지는 경우에 스레드를 만들 수 있습니다. 스레드는 주

제를 정하고 만들어지기 때문에 이야기의 논점이 흐려질 염려가 적습니다.

❼ 알림 설정

필요한 채널의 알림만 켜거나 끌 수 있습니다.

❽ 고정된 메시지

중요한 메시지를 표시할 때 자주 쓰이는 기능으로 개인 채팅이나 디스코드 채팅 서버에 메시지를 보낸 다음 해당 메시지에서 마우스 오른쪽 버튼을 클릭하고 **메시지 고정하기**를 실행합니다. 채팅 채널 오른쪽 상단에 압정 모양 아이콘을 클릭하면 고정하였던 메시지들의 기록이 확인됩니다.

❾ 회원 목록 숨기기

해당 채널에 참여하고 있는 회원 목록을 숨기거나 나타낼 수 있습니다. 여기에서 미드저니 봇을 불러올 수 있으며, 특정 사용자에게 메시지를 보낼 수도 있습니다.

❿ 검색창

디스코드의 검색 기능은 필터를 통합하여 전체 서버에서 필요한 것을 찾는 데 도움을 줍니다. 서버가 생성됐을 때부터 모든 서버에서 생성되고 보내진 것들을 검색할 수 있습니다. 검색 표시줄을 클릭하거나 〔Ctrl〕+〔F〕를 눌러 현재 참여 중인 채널에서 검색이 가능합니다. 검색 표시줄을 열면 유용한 검색 필터 제안이 나타납니다.

⑪ 받은 편지함

수많은 사용자들과 공유되는 공간이기 때문에 그림을 찾기 어려울 때가 있습니다. 받은 편지함을 클릭한 다음 (멘션)을 선택하면 만든 그림들을 히스토리로 전부 확인할 수 있습니다.

⑫ 도움말

공식 지원센터 페이지로 이동되어 필요한 정보를 검색하여 도움을 받을 수 있습니다.

꼭 알아두어야 할
미드저니 명령어

SECTION 04

미드저니에서 이미지 생성을 위해 프롬프트를 작성할 때 꼭 알아두어야 할 명령어들을 알아보겠습니다.

같은 분위기, 다른 형태로 발전시키는 명령어 'V'

미드저니는 그리드(Grid : 격자) 위에 저해상도 이미지를 생성하여 보여준 다음, 이미지 그리드 아래의 버튼을 선택하여 이미지 변형(Variations)을 만들거나 이미지를 확대(Upscales)하는 방식으로 사용자와 피드백을 주고 받습니다. 이것은 미드저니가 이미지를 발전시키는 과정이라 볼 수 있습니다.

(V1), (V2), (V3), (V4)는 선택한 이미지의 베리에이션(Variation : 변형)을 의미합니다. 4장의 그림 중에서 원하는 그림과 가장 유사한 이미지를 선택하고 또 다른 버전의 이미지 생성을 명령할 수 있습니다. (V2) 버튼을 클릭하면 2번 이미지가 4가지 버전의 이미지로 추가 생성됩니다.

선택한 이미지를 크게, 명령어 'U'

이미지를 확대(Upscale)하는 업스케일 방식을 통해 이미지의 디테일을 더하고, 해상도를 높게 올립니다. 생성된 이미지의 그리드를 클릭하면 이미지만 브라우저 새 창에서 확대된 상태로 확인할 수 있습니다.

〔U1〕, 〔U2〕, 〔U3〕, 〔U4〕는 업스케일 (Upscale)할 그림의 위치를 의미합니다. 원하는 이미지를 업스케일하려면 4개의 이미지 중에서 해당 이미지를 선택하고 고해상도 이미지로 생성해 달라는 명령을 할 수 있습니다. 〔U2〕 버튼을 클릭하면 2번 이미지가 1,024×1,024픽셀의 해상도로 생성됩니다.

미드저니 봇 채널 명령어

'/(슬래시)'를 채팅창 하단 텍스트 프롬프트 창에 입력하여 미드저니 봇과 상호 작용할 수 있습니다. 명령은 이미지 생성, 기본 설정 변경, 사용자 정보 모니터링 및 기타 유용한 작업을 수행하는 데 사용됩니다. 명령 목록들을 알아보겠습니다.

'/(슬래시)'만 삽입해도 자주 사용하는 명령어가 자동 완성 팝업으로 표시됩니다. 원하는 명령어를 찾거나 선택하면 프롬프트를 입력할 수 있는 커서가 깜빡이는 상태가 됩니다. 입력이 필요하지 않은 명령어의 경우 바로 〔Enter〕를 누르면 명령이 완료됩니다.

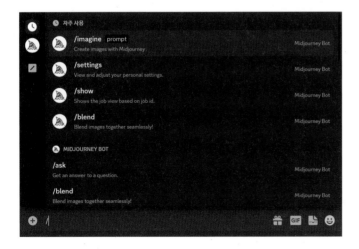

❶ /ask

질문에 대한 답을 얻습니다.

❷ /blend

두 이미지를 쉽게 혼합할 수 있습니다. '/blend'를 선택하면, 다음 그림과 같은 업로드 창이 표시됩니다. 해당 아이콘을 클릭하여 원하는 이미지를 업로드한 다음 Enter 를 누르면 두 이미지를 합성하라는 명령이 진행됩니다.

❸ /daily_theme

#daily-theme 채널 업데이트에 대한 알림을 받을 수 있습니다.

❹ /docs

공식 미드저니 디스코드(Midjourney Discord) 서버의 사용자 가이드에서 다루는 주제에 대한 링크를 빠르게 생성할 수 있습니다.

❺ /describe

이미지를 업로드하면 역으로 프롬프트를 작성합니다. 소유하고 있는 이미지를 바탕으로 다양한 확장을 시도할 때 유용합니다. '/describe'를 선택하면 업로드 창이 생성됩니다. 원하는 이미지를 업로드한 다음 Enter 를 누르면 프롬프트가 추천됩니다.

❻ /faq

자주하는 질문들을 살펴볼 수 있습니다. 공식 미드저니 디스코드(Midjourney Discord) 서버에서 인기 있는 크래프트 채널 FAQ에 대한 링크를 빠르게 생성합니다.

❼ /fast

고속 모드로 전환합니다. 이미지를 더 빠르게 생성하지만 일관성이 떨어지고 비용이 더 많이 들 수 있습니다.

❽ /help

미드저니 봇에 대한 유용한 기본 정보와 팁을 표시합니다.

⑨ /imagine

텍스트 프롬프트를 사용하여 이미지를 생성하는 기본 명령어이며, 가장 중요한 명령어입니다.

⑩ /info

계정 및 대기 중이거나 실행 중인 작업에 대한 정보를 봅니다.

⑪ /stealth

Pro Plan 가입자의 경우, 스텔스 모드로 전환되어 나의 작업들을 아무도 볼 수 없습니다.

⑫ /public

Pro Plan 가입자의 경우, 공개 모드로 전환되어 나의 모든 작업이 사용자들과 공유됩니다.

⑬ /subscribe

구독에 대한 설명을 보여줍니다.

⑭ /settings

미드저니 봇의 설정 보기 및 조정 상태 등을 보여줍니다. 버전이나 해상도, 스타일 등을 고정 수 있습니다. '/settings'를 선택한 다음 Enter 를 누르면 설정 값을 조정할 수 있는 버튼들이 생성됩니다.

⑮ /prefer option

사용자 지정 옵션을 생성하거나 관리합니다.

⑯ /prefer option list

현재 사용자 지정 옵션을 확인합니다.

⑰ /prefer suffix

모든 프롬프트 끝에 추가할 접미사를 지정합니다. 파라미터를 고정할 수 있습니다.

⑱ /show

이미지 작업 ID를 사용하여 내가 생성한 작업들을 다시 불러올 수 있습니다. 나의 이미지들을 빠르게 찾고자 할 때 유용합니다.

⑲ /relax

이미지를 느리게 생성하지만 비용이 최소화되는 모드로 전환합니다.

⑳ /remix

리믹스 모드를 전환합니다.

 알아두기   미드저니 생성 규칙

❶ 모든 이미지는 대중적이어야 합니다. 성인용, 폭력성, 노출, 자극적, 모욕적인 이미지는 생성 금지입니다.

❷ 유료 사용자인 경우에만 자신이 생성한 이미지는 소유 및 상업적 용도로 사용할 수 있습니다. 무료 사용자의 생성 이미지는 상업적으로 사용할 수 없습니다.

❸ 모든 그림은 서로 공개 및 타인의 믹싱 작업을 허용합니다. 다른 사람들이 나의 그림과 비슷한 결과를 만들 수 있습니다. 나 역시 다른 사용자의 이미지를 참고하여 발전시키고 프롬프트를 분석하여 응용할 수 있습니다.

환상적인 **상업 포스터**
광고 제작하기

미드저니가 만들어 내는 이미지들은 일반적인 틀을 벗어나 매우 창의적이고 독창적입니다. 독특한 아이디어와 개성을 담아낸 이미지들은 광고 포스터에서 시각적으로 강한 인상을 주어 기억에 오랫동안 남을 수 있도록 만들어 줍니다. 미드저니에 약간의 참고 자료를 제시하여 상업 포스터 제작을 위한 환상적인 이미지를 추출한 다음, 포토샵 AI로 최종본을 완성하겠습니다. 미드저니가 메시지를 효과적으로 전달할 수 있는 강력한 메인 비주얼을 추출해 주기 때문에 브랜드의 로고, 색상, 비전 등 약간의 전문적인 요소만 추가되면 복잡한 작업을 반복하지 않고 시간과 노력을 절약할 수 있다는 점에서 인공지능 이미지 생성 도구의 활용은 매우 효율적입니다. 인공지능이 생성한 독특한 화풍의 포스터 이미지에 '마법 같은 환상적인 맛'이라는 메시지를 전달할 수 있는 서브 이미지를 삽입하고, 해당 로고 등을 적절히 조합하여 최종 결과물을 완성해 봅니다.

● 예제 및 완성 파일 : 상업 포스터 폴더

❶ 미드저니에서 비현실적인 광고 시안 생성하기

❷ 참고 이미지 제공하여 의도하는 형태 잡기

❸ 비현실적인 이미지를 메인 비주얼로 강조하기

❹ 초현실주의적인 느낌으로 화풍 변경하기

❺ 구름과 멀리 날아가는 새 이미지 삽입하기

❻ 브랜드 로고 삽입 후 전체적인 색감 조정하기

미드저니에서 비현실적인 광고 이미지 시안 생성하기

01 │ 미드저니를 사용하여 이미지를 생성하기 위해 디스코드에서 통용되는 명령어를 입력합니다. '/(슬래시)+명령어'를 이용하며, 입력창에 커서를 위치한 다음 '/(슬래시)'만 삽입해도 자동 완성 팝업이 표시되기 때문에 손쉽게 이용할 수 있습니다.

02 │ 이미지 추출을 명령하기 위해 /imagine prompt 입력창이 나타나면 커서가 깜빡거리는 위치에 다음의 프롬프트를 복사하여 붙여넣고 Enter를 누릅니다. 거대한 사탕이 있는 우주 공간과 행성들의 이미지를 요청합니다.

(프롬프트) /imagine prompt

a giant and round Chupa Chups candy in space, smaller planets around it

03 | 이미지가 생성되기까지 약간의 시간이 소요됩니다. 잠시 후 이니셜 옵션(Initial Options)으로 구성된 4장의 우주 이미지를 확인할 수 있습니다. 우주 공간에 동그란 물체들이 표현되었지만, 요청한 명령과는 거리가 있습니다. (Redo(재생성)) 버튼을 클릭합니다.

04 | 잠시 후 4장의 우주 공간 이미지를 다시 확인할 수 있습니다. 미드저니와 상호작용하며 결과물의 품질을 높이기 위해 프롬프트 수정이 필요합니다.

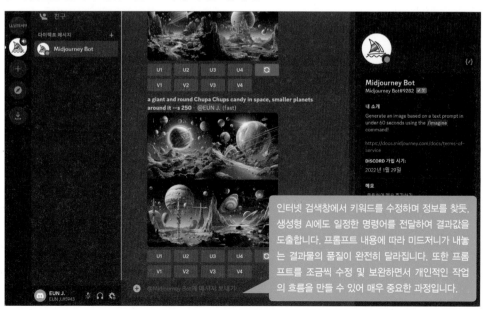

> 인터넷 검색창에서 키워드를 수정하며 정보를 찾듯, 생성형 AI에도 일정한 명령어를 전달하여 결과값을 도출합니다. 프롬프트 내용에 따라 미드저니가 내놓는 결과물의 품질이 완전히 달라집니다. 또한 프롬프트를 조금씩 수정 및 보완하면서 개인적인 작업의 흐름을 만들 수 있어 매우 중요한 과정입니다.

프롬프트 삽입하여 심플한 이미지로 수정하기

01 | 다시 이미지 추출을 명령하기 위해 입력창에 '/(슬래시)'를 넣어 자동 완성 팝업이 표시되면 '/imagine prompt'를 선택합니다. 커서가 깜빡거리는 위치에 다음의 프롬프트를 복사하여 붙여넣고 Enter를 누릅니다. 이때 중요한 명령어를 앞쪽으로 삽입하는 것이 좋습니다.

(프롬프트) /imagine prompt

a giant and round Chupa Chups candy in space, smaller planets around it, simplicity

02 | 이미지가 생성되기까지 약간의 시간이 소요됩니다. 잠시 후 이니셜 옵션(Initial Options)으로 구성된 4장의 우주 이미지를 확인할 수 있습니다. 배경 소스가 줄어들면서 주제부에 집중되는 듯한 분위기가 연출되었습니다.

> 광고 포스터의 목적은 홍보이기 때문에 의도된 연출을 통해 주제부를 각인시키는 것이 중요합니다. 주변의 공간을 어둡게 표현하거나 여백 공간으로 활용하는 방법 등이 있습니다.

03 │ 추가 이미지를 확인하기 원한다면 원하는 컷의 〔V(베리에이션, Variation)〕 버튼을 클릭해 다른 형태의 이미지를 요청할 수 있습니다. 〔V4〕 버튼을 클릭하면 4번 이미지가 4가지 버전의 이미지로 추가 생성됩니다. 시계 방향으로 1, 2, 3, 4번으로 지정되었습니다. 해당 이미지를 클릭합니다.

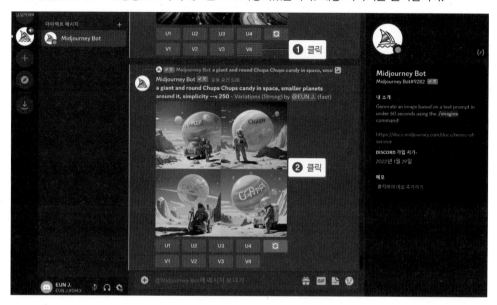

04 │ 클린한 이미지가 화면 위에 크게 나타납니다. 이미지에서 마우스 오른쪽 버튼을 클릭한 다음 **다른 이름으로 사진 저장**을 실행하여 이미지를 저장할 수 있습니다. 배경과 주요 이미지가 단순하게 정리되어 보이지만, 해당 브랜드의 사탕 형태를 잡기 위해 프롬프트 수정이 필요합니다.

참고 이미지 제공하여 의도하는 형태 잡기

01 │ 미드저니에 표현하고자 하는 막대 사탕의 형태를 학습시키기 위해 참고 이미지를 업로드합니다. 미드저니는 다음의 명령을 사용자가 업로드하는 이미지를 참고해 달라는 의미로 해석합니다. '+' 아이콘을 클릭한 다음 **파일 업로드**를 실행합니다.

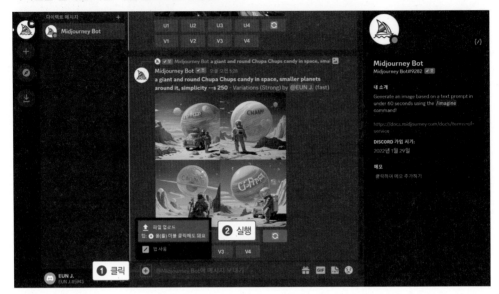

02 │ 열기 대화상자가 표시되면 '상업 포스터' 폴더에서 'Candy_blending01.png' 파일을 선택한 다음 (열기) 버튼을 클릭해 불러옵니다.

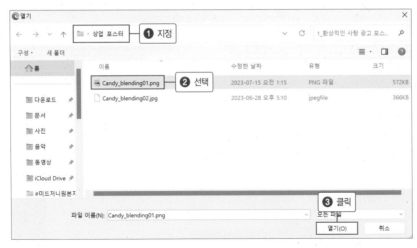

03 | 메시지 바에 선택한 이미지가 나타나면 Enter를 누릅니다.

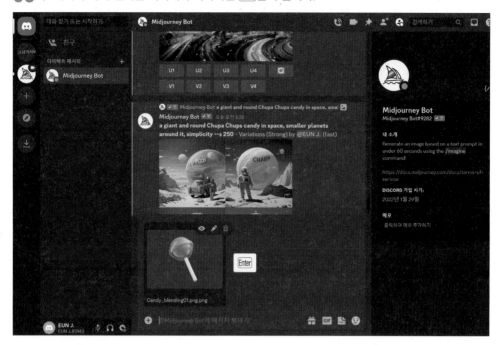

04 | 게시판에 이미지가 업로드됩니다.

05 | 해당 이미지를 클릭하면 크게 나타납니다. 이미지에서 마우스 오른쪽 버튼을 클릭하고 **이미지 링크 복사**를 실행하여 이미지 링크를 복사할 수 있습니다.

06 | 업로드된 이미지를 참고하여 디자인을 생성하기 위해 /imagine prompt 입력창이 나타나면 커서가 깜빡거리는 위치에 복사된 이미지 링크를 붙여넣습니다.

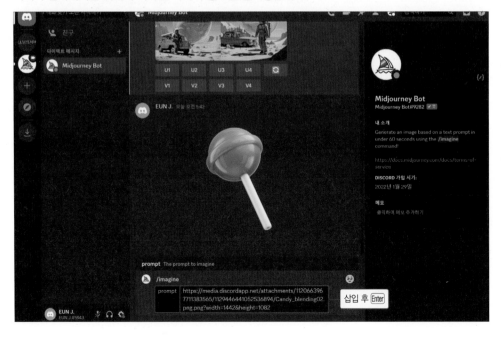

07 │ 이미지 링크 뒤에 ',(콤마)'를 삽입한 다음 앞서 사용한 프롬프트를 그대로 복사하여 삽입하고 Enter를 누릅니다.

(이미지 링크)+(텍스트 프롬프트)의 기본 문법 적용.

/imagine prompt https://media.discordapp.net/attachments/1120663967711383565/1129446441052536894/Candy_blending02.png.png?width=1442&height=1082(이미지 링크), A giant and round Chupa Chups candy in space, smaller planets around it, simplicity(텍스트 프롬프트)

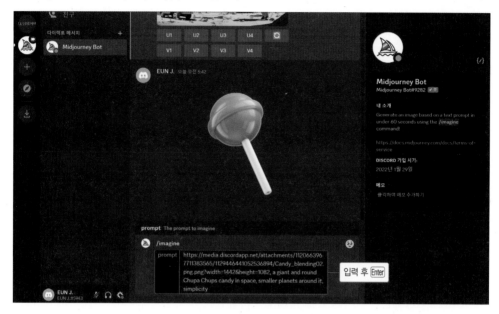

08 │ 잠시 후 이니셜 옵션(Initial Options)으로 구성된 4장의 이미지를 확인할 수 있습니다.

09 │ 새 탭에서 디테일을 확인하기 위해 이미지를 클릭한 다음 '브라우저로 열기'를 선택합니다. 텍스트 프롬프트에만 추가해 명령했을 때와 비교하면 이미지 프롬프트를 제시한 결과가 해당 브랜드의 막대 사탕 형태에 더 충실합니다. 이미지에서 마우스 오른쪽 버튼을 클릭하고 **다른 이름으로 사진 저장**을 실행하여 이미지를 저장할 수 있습니다.

10 │ 사탕 형태와 주제부가 확실히 강조되는 3번 고해상도 이미지를 추출하기 위해 〔U3(업스케일, Upscale)〕 버튼을 클릭하여 1,024×1,024픽셀 버전을 생성합니다.

프롬프트 수정하여 환상적인 분위기 강조하기

01 이미지 추출을 다시 명령하기 위해 입력창에 '/(슬래시)'를 넣어 자동 완성 팝업이 표시되면 '/imagine prompt'를 선택합니다.

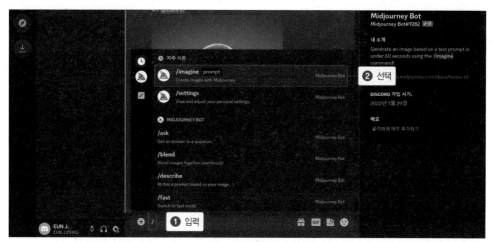

02 앞서 (참고 이미지 제공하여 의도하는 형태 잡기) 과정을 통해 (이미지 링크)+(텍스트 프롬프트)를 얻었습니다. 환상적인 분위기를 강조하기 위해 텍스트 프롬프트 뒤에 '.(콤마)'를 삽입한 다음 'Fantastic atmosphere'를 삽입하고 Enter를 누릅니다.

(이미지 링크)+(텍스트 프롬프트(, 분위기 설명 추가))의 기본 문법 적용

/imagine prompt https://media.discordapp.net/attachments/1120663967711383565/1129446441 052536894/
Candy_blending02.png.png?width=1442&height=1082(이미지 링크), A giant and round Chupa Chups candy
in space, smaller planets around it, Fantastic atmosphere(텍스트 프롬프트)

03 | 이미지가 생성되기까지 약간의 시간이 소요됩니다. 잠시 후 이니셜 옵션(Initial Options)으로 구성된 4장의 환상적인 배경의 막대 사탕 이미지를 확인할 수 있습니다. 배경부에 환상적인 분위기가 연출되어 주제부와의 이질감이 줄어들었습니다.

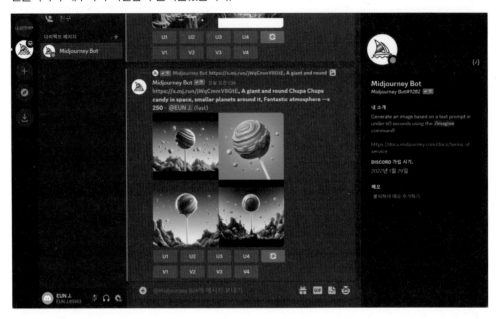

04 | 새로운 이미지를 요청하기 위해 〔Redo(재생성)〕 버튼을 클릭합니다. 이전 결과를 새로 고침하여 완전히 다른 4개의 이미지를 다시 생성합니다.

상상한 이미지와 가까워질 때까지 재생성을 요청하거나 프롬프트에 스타일을 추가하세요.

클릭

05 │ 'Fantastic atmosphere' 키워드가 프롬프트에 추가되었을 때 결과물이 예상 가능하다면, 이제 원하는 이미지를 지정하여 (이미지 링크)+(텍스트 프롬프트)를 적용할 수 있습니다. 다음은 (참고 이미지 제공하여 의도하는 형태 잡기) 과정의 결과물입니다.

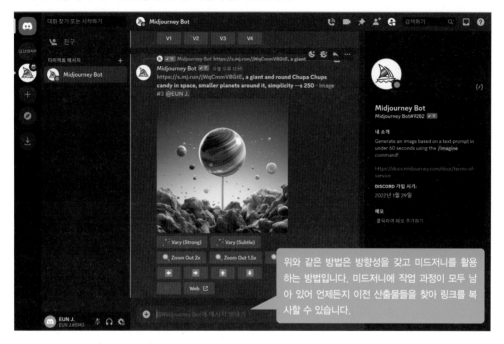

위와 같은 방법은 방향성을 갖고 미드저니를 활용하는 방법입니다. 미드저니에 작업 과정이 모두 남아 있어 언제든지 이전 산출물들을 찾아 링크를 복사할 수 있습니다.

06 │ 해당 이미지를 클릭하면 크게 나타납니다. 이미지에서 마우스 오른쪽 버튼을 클릭하고 **이미지 링크 복사**를 실행하여 이미지 링크를 복사할 수 있습니다.

07 | 업로드된 이미지를 참고하여 만들어진 환상적인 분위기의 이미지를 생성하기 위해 /imagine prompt 입력창이 나타나면 커서가 깜빡거리는 위치에 먼저 복사한 이미지 링크를 붙여넣습니다.

08 | 이미지에 환상적인 분위기를 강조하기 위해 이미지 링크 뒤에 ', (콤마)'를 삽입한 다음 'Fantastic atmosphere' 키워드가 추가된 2번 과정의 프롬프트를 그대로 복사하여 삽입하고 Enter를 누릅니다.

(이미지 링크) + (텍스트 프롬프트(, 분위기 설명 추가))의 기본 문법 적용

/imagine prompt https://media.discordapp.net/attachments/1120663967711383565/1129446441 052536894/ Candy_blending02.png.png?width=1442&height=1082(이미지 링크), A giant and round Chupa Chups candy in space, smaller planets around it, Fantastic atmosphere(텍스트 프롬프트)

09 | 잠시 후 이니셜 옵션(Initial Options)으로 구성된 4장의 이미지를 확인할 수 있습니다. 환상적인 느낌이 강조되는 2번 고해상도 이미지를 추출하기 위해 〔U2(업스케일, Upscale)〕 버튼을 클릭합니다.

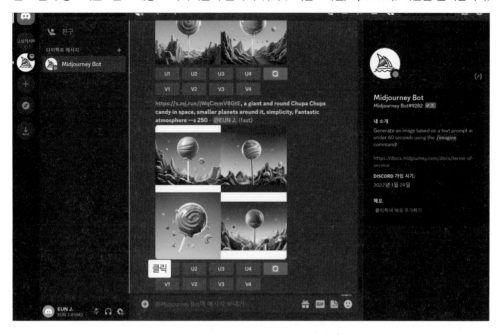

10 | 1,024×1,024픽셀 버전을 생성합니다.

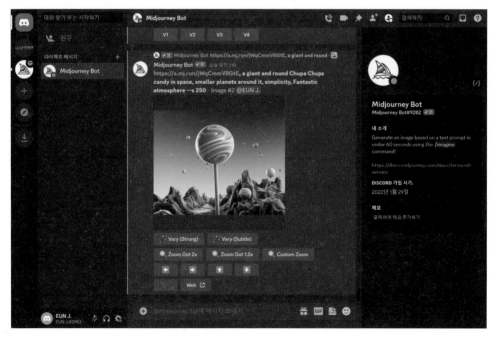

비현실적인 이미지를 만들어 메인 비주얼로 강조하기

01 | 이미지 추출을 명령하기 위해 입력창에 '/(슬래시)'를 넣어 자동 완성 팝업이 표시되면 '/imagine prompt'를 선택합니다.

02 | 앞서 (프롬프트 수정하여 환상적인 분위기 강조하기) 과정을 통해 (이미지 링크)+(텍스트 프롬프트)를 얻었습니다. 비현실적인 막대 사탕 이미지를 강조하기 위해 'abstract' 키워드를 텍스트 프롬프트에 삽입합니다.

(이미지 링크)+(텍스트 프롬프트(, 분위기 설명 추가))의 기본 문법 적용

/imagine prompt https://media.discordapp.net/attachments/1120663967711383565/1129446441 052536894/Candy_blending02.png.png?width=1442&height=1082(이미지 링크), An abstract photo of a giant and round Chupa Chups candy in space, smaller planets around it, Fantastic atmosphere(텍스트 프롬프트)

03 │ 현실과 거리가 먼 이미지를 만들기 위해 'in space'라는 키워드를 수정합니다. '광활한'이라는
형용사를 추가하겠습니다. 'in the vastness of space'로 수정한 다음 [Enter]를 누릅니다.
(이미지 링크)+(텍스트 프롬프트(, 분위기 설명 추가))의 기본 문법 적용

/imagine prompt https://media.discordapp.net/attachments/1120663967711383565/1129446441052536894/Candy_
blending02.png.png?width=1442&height=1082(이미지 링크), An abstract photo of a giant and round Chupa
Chups candy in the vastness of space, smaller planets around it, Fantastic atmosphere(텍스트 프롬프트)

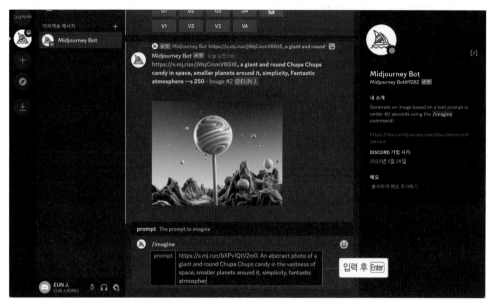

04 │ 잠시 후 이니셜 옵션(Initial Options)으로 구성된 4장의 비현실적인 막대 사탕 이미지를 확인
할 수 있습니다. 'abstract' 키워드를 추가했을 때 피사체를 꽉 차게 크기를 조정하는 경향을 보입니다.

05 새로운 이미지를 요청하기 위해 (Redo(재생성)) 버튼을 클릭합니다. 이전 결과를 새로 고침해 완전히 다른 4개의 이미지를 다시 생성합니다. 해당 이미지를 선택합니다.

06 화면 위에 크게 나타난 이미지에서 마우스 오른쪽 버튼을 클릭하고 **다른 이름으로 사진 저장** 을 실행하여 이미지를 저장할 수 있습니다.

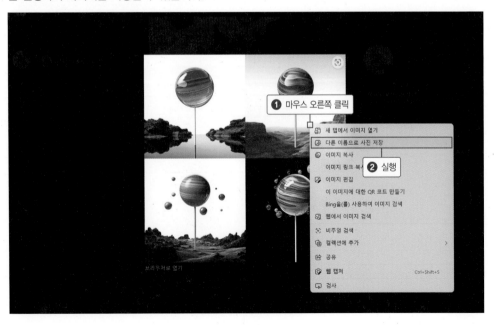

07 | 이미지 추출을 명령하기 위해 입력창에 '/(슬래시)'를 넣어 자동 완성 팝업이 표시되면 '/imagine prompt'를 선택합니다.

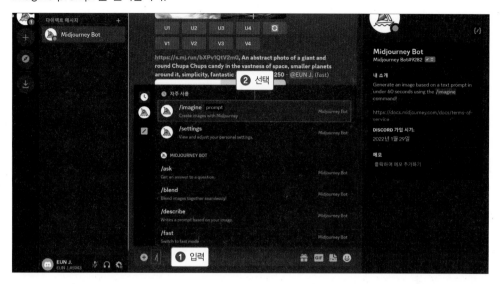

08 | 앞서 (프롬프트 수정하여 환상적인 분위기 강조하기) 과정을 통해 얻은 (이미지 링크)+(텍스트 프롬프트)에서 사진을 참고로 하는 형식은 유지합니다. 막대 사탕 이미지를 강조하면서 배경에 색상을 지정하기 위해 프롬프트를 수정한 다음 Enter를 누릅니다.

(이미지 링크)+(텍스트 프롬프트(, 분위기 설명)(, 배경 색상))의 기본 문법 적용

/imagine prompt

https://media.discordapp.net/attachments/1120663967711383565/1129465981190807632/Candy_blending01.jpg?width=792&height=1080(이미지 링크), a giant spherical pink lollipop floating in the vastness of space, a fantastic galaxy, twinkling stars, background color of light blue, emerald(텍스트 프롬프트)

09 | 잠시 후 이니셜 옵션(Initial Options)으로 구성된 4장의 광활한 우주 공간 속 막대 사탕 이미지를 확인할 수 있습니다.

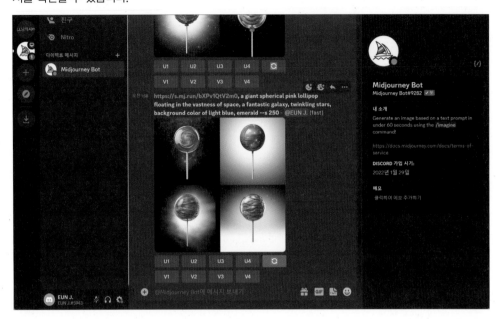

10 | 더 정교한 이미지를 얻기 위해 원하는 컷의 (U(업스케일, Upscale)) 버튼을 클릭하여 고해상도화합니다. (U3(업스케일, Upscale)) 버튼을 클릭하면 3번 이미지의 1,024×1,024픽셀 버전이 생성됩니다.

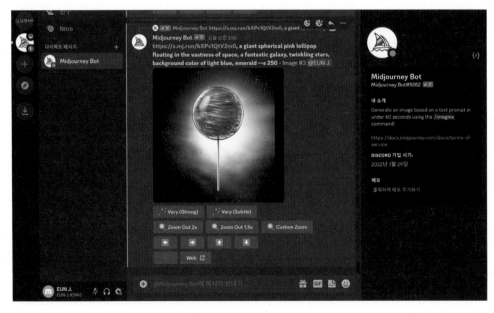

초현실주의적 느낌으로 화풍 변경하기

01 │ 앞서 사용된 프롬프트를 그대로 복사하여 활용합니다. 사진을 참고로 하는 형식은 유지하면서 화풍을 지정하기 위해 'René Magritte' 키워드를 삽입한 다음 Enter를 누릅니다.

〔이미지 링크〕+(텍스트 프롬프트(, 분위기 설명)(, 배경 색상)(, 아티스트의 화풍))의 기본 문법 적용

/imagine prompt

https://media.discordapp.net/attachments/1120663967711383565/1129465981190807632/Candy_blending01. jpg?width=792&height=1080(이미지 링크), a giant spherical pink lollipop floating in the vastness of space, a fantastic galaxy, twinkling, stars, background color of light blue, emerald, René Magritte(텍스트 프롬프트)

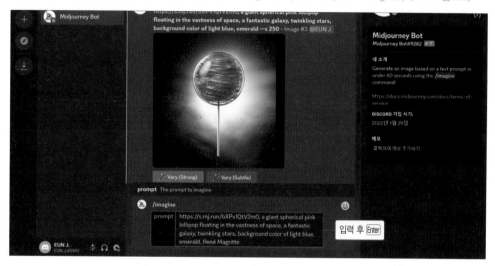

02 │ 잠시 후 이니셜 옵션(Initial Options)으로 구성된 4장의 르네 마그리트 화풍 이미지를 확인할 수 있습니다.

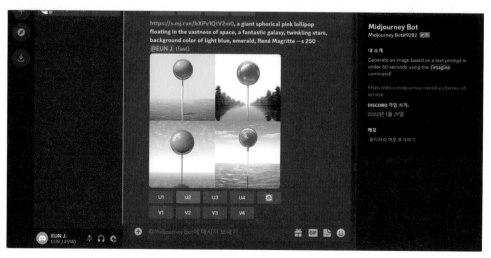

03 | 고해상도 이미지를 얻기 위해 (U2(업스케일, Upscale)) 버튼을 클릭하면 2번 이미지의 1,024 ×1,024픽셀 버전이 생성됩니다. 더 확실한 변화를 확인하기 위해 (Vary (Strong)) 버튼을 클릭합니다.

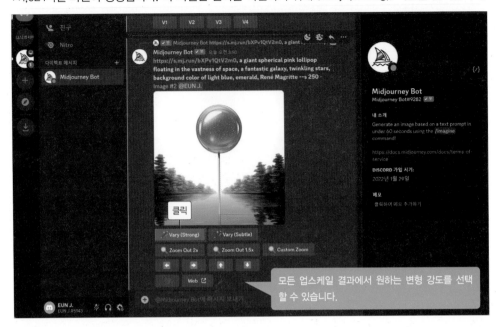

04 | 더 세밀하고 풍부한 밀도를 가진 다양한 종류의 이미지들을 생성합니다. 해당 이미지를 클릭하면 화면 위에 크게 나타납니다. 이미지에서 마우스 오른쪽 버튼을 클릭하고 **다른 이름으로 사진 저 장**을 실행하여 이미지를 저장할 수 있습니다.

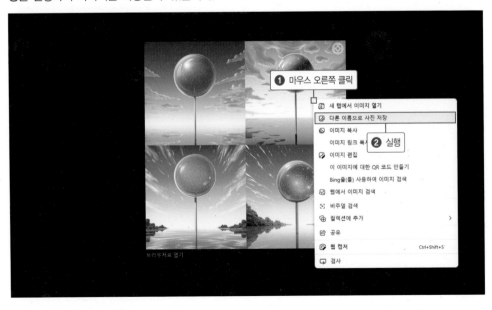

포토샵에서 캔버스 크기 늘리고 이미지 채우기

01 | 포토샵에서 'Candy.png' 파일을 불러옵니다. 미드저니에서 생성한 막대 사탕 광고 포스터 이미지가 표시됩니다. 이미지 하단에 (Contextual Task Bar)가 나타납니다.

02 | 캔버스를 확장하기 위해 먼저 Tools 패널에서 자르기 도구(🔲)를 선택합니다. Properties 패널에 'Canvas'가 나타나면 W에서 마우스 오른쪽 버튼을 클릭하고 'Millimeters'를 선택하여 단위를 변경합니다. '297'을 입력하여 크기를 설정합니다.

03 │ 새 캔버스의 가로 크기가 현재보다 작다는 경고 메시지 창이 표시되면 (Proceed) 버튼을 클릭합니다. H에서 마우스 오른쪽 버튼을 클릭하고 'Millimeters'를 선택하여 단위를 변경합니다. '420'을 입력한 다음 Enter를 눌러 크기를 설정합니다.

예제에서는 브로마이드 또는 공지·홍보 포스터에 많이 쓰이는 A3 크기(Width : 297, Height : 420)를 기준으로 하였습니다.

04 │ 배경색인 흰색으로 추가 캔버스가 채워졌습니다. 추가된 영역을 선택하기 위해 Tools 패널에서 사각형 선택 도구(▦)를 선택한 다음 추가된 상단의 새 영역 부분을 드래그합니다. 선택 영역 아래에는 (Contextual Task Bar)가 나타납니다. 선택 영역을 배경색으로 채우기 위해 (Contextual Task Bar)에서 (Generative Fill)을 클릭합니다.

선택 영역이 이미지 일부와 겹치는지 확인해 AI 생성 콘텐츠를 원본 세부 사항과 매끄럽게 혼합하는 것이 좋습니다.

05 | 프롬프트 창을 비운 채로 (Generate)를 클릭하거나 Enter 를 누릅니다. 그림과 같이 자연스럽게 배경 이미지가 채워진 것을 확인할 수 있습니다.

06 | 하단의 빈 캔버스 영역도 같은 방법으로 자연스럽게 배경을 채울 수 있습니다.

07 | 막대 사탕 이미지를 선택하기 위해 Layers 패널에서 'Background' 레이어를 선택한 다음 (Contextual Task Bar)에서 (Select subject)를 클릭합니다. 그림과 같이 이미지의 주요 개체가 선택됩니다.

08 | 선택 영역을 반전시키기 위해 'Invert selection' 아이콘을 클릭합니다. 막대 사탕 이외의 모든 영역이 선택됩니다.

09 선택 영역에서 호수 부분을 제외하기 위해 옵션바에서 'Subtract from selection' 아이콘(⊡)을 클릭합니다. 호수 부분만 드래그하여 선택에서 제외합니다.

10 하늘 영역을 깨끗한 배경으로 채우기 위해 (Contextual Task Bar)에서 (Generative Fill)을 클릭한 다음, 프롬프트 창을 비워둔 채로 (Generate)를 클릭하거나 Enter를 누릅니다. 그림과 같이 자연스럽게 배경 이미지가 채워진 것을 확인할 수 있습니다.

11 | Properties 패널에서 [Generate] 버튼을 클릭하면 다른 이미지들을 추가로 보여줍니다. 다양한 스타일을 클릭하여 다른 추천 이미지들을 선택할 수 있습니다.

구름과 멀리 날아가는 새 이미지 삽입하기

01 | 먼저 구름 이미지가 삽입될 영역을 지정하기 위해 Tools 패널에서 올가미 도구([○])를 선택한 다음 삽입될 공간을 드래그합니다. Shift를 누른 채 추가될 공간을 드래그하면 동시에 선택할 수 있습니다. [Contextual Task Bar]의 [Generative Fill]을 클릭하여 프롬프트 창을 표시합니다.

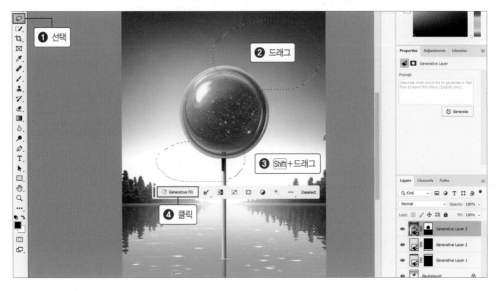

02 | 구름 이미지를 삽입하기 위해 프롬프트 창에 'Fluffy clouds'를 입력한 다음 Enter를 누릅니다.

03 | 선택 영역에 그림과 같이 구름 이미지가 채워진 것을 확인할 수 있습니다.

04 구름의 투명도를 자연스럽게 만들기 위해 Layers 패널에서 Opacity를 '60%'로 설정합니다.

05 이번에는 새 이미지가 삽입될 영역을 지정하기 위해 올가미 도구(◯)로 해당 공간을 드래그 합니다. 그림과 같이 점선 형태의 선택 영역이 표시된 것을 확인할 수 있습니다. (Contextual Task Bar)의 (Generative Fill)을 클릭하여 프롬프트 창을 표시합니다.

06 | 멀리 날아가는 새 이미지를 삽입하기 위해 'birds flying far away'를 입력한 다음 Enter를 누릅니다.

07 | 선택 영역에 그림과 같이 멀리 날아가는 새 이미지가 채워진 것을 확인할 수 있습니다.

08 | Properties 패널에서 (Generate) 버튼을 클릭하면 다른 이미지들을 추가로 보여줍니다. 스타일을 클릭하여 다른 추천 이미지들을 선택할 수 있습니다.

브랜드 로고 삽입 후 전체적인 색감 조정하기

01 | 브랜드 로고를 메인 화면에 삽입하기 위해 (File) → **Place Embedded**를 실행합니다.

02 │ Place Embedded 대화상자가 표시되면 '상업 포스터' 폴더에서 'Logo.png' 파일을 선택한 다음 (Place) 버튼을 클릭하여 로고 이미지를 불러옵니다.

03 │ 모서리의 기준점을 드래그하여 크기와 위치를 조정하고 (Contextual Task Bar)의 (Commit)를 클릭하거나 Enter를 누르면 변경이 완료됩니다.

04 포토샵에서는 이미지 색상을 보정하기 전에 다양한 변형 결과를 빠르게 확인할 수 있습니다. Adjustments 패널에서 'Adjustments presets'를 선택하면 다양한 옵션들을 미리 볼 수 있습니다.

05 'more'를 클릭하면 더 많은 상세 옵션들을 확인할 수 있습니다. 해당 옵션에 마우스 커서를 올리면 변화를 미리 확인할 수 있습니다. 다음은 'Black & White-Nagative'의 미리 보기입니다.

06 | 'Creative → Color Pop'을 선택하면 고채도의 팝 컬러 색감에 대비가 적용되어 손쉽게 이미지가 보정됩니다.

07 | Layers 패널에서 역삼각형 모양의 조정 레이어 섬네일을 더블클릭합니다. Properties 패널에서 Vibrance와 Saturation 슬라이더를 조정하여 색감을 조정해 완성합니다.

입체감이 살아있는
3D 브랜드 심볼 디자인

미드저니는 텍스트를 기반으로 이미지를 생성하는 기술을 가지고 있습니다. 따라서 브랜드 심볼에 대한 설명이 주어지면 심볼 이미지를 빠르게 생성할 수 있습니다. 브랜드의 심볼은 시각적인 요소뿐만 아니라 브랜드의 가치와 메시지를 전달하는 역할도 합니다. 미드저니는 대량의 이미지 데이터를 학습했기 때문에 트렌디한 톤 앤 매너를 가진 새로운 이미지를 생성할 수 있습니다. 하지만 브랜드의 색상, 형태, 아이콘, 로고 등 다양한 디자인 요소를 고려해서 브랜드의 가치와 메시지를 전달하는 디자인 요소에 대한 판단은 여전히 사람이 수행해야 합니다. 이러한 기술을 활용하여 바쁜 현대인들의 식사 시간을 절약해 주는 도넛 브랜드의 로고를 만들어 보겠습니다.

○ 예제 및 완성 파일 : 브랜드 심볼 폴더

미드저니로 생성한 도넛 로고

포토샵으로 작업한 목업과 슬로건

❶ 미드저니에서 도넛과 시계가 합성된 심볼 제작하기

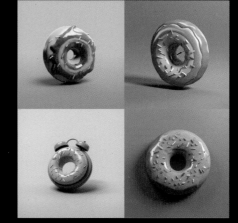

❷ 프롬프트 수정하여 입체 심볼 이미지 추출하기

❸ 포토샵에서 배경 삭제하기

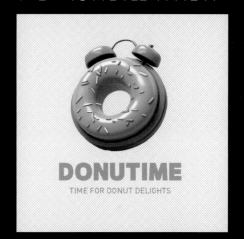

❹ 로고 타입과 슬로건 삽입하기

❺ 로고 타입과 슬로건에 응용값 적용하기

❻ 도넛 이미지가 삽입된 머그컵 목업 완성하기

도넛과 시계가 합성된 심볼 제작하기

01 | 미드저니를 사용하여 이미지를 생성하기 위해 Discord에서 명령어를 입력합니다. 이때 '/(슬래시)+명령어'를 이용해야 하는데, 입력창에 커서를 삽입한 다음 '/(슬래시)'만 삽입해도 자동 완성 팝업이 표시되어 손쉽게 이용할 수 있습니다.

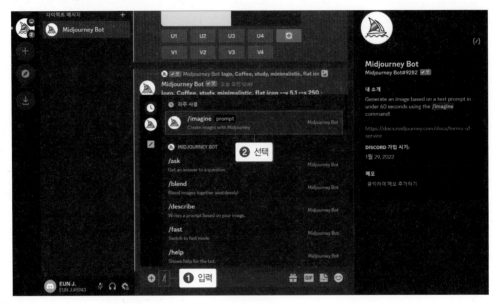

02 | 이미지 추출을 명령하기 위해 /imagine prompt 입력창이 나타나면 다음의 프롬프트를 복사하여 붙여넣고 Enter를 누릅니다. 이때 중요한 명령어를 앞쪽으로 삽입하는 것이 좋습니다.

〔텍스트 프롬프트(, 분위기 설명)(, 표현 방법)〕의 기본 문법 적용

/imagine prompt logo, donut, clock, minimalistic, flat icon

로고를 생성하기 좋은 프롬프트
letter, mascot, emblem, psychedelic
De still, pop art, line logo
abstract, flat icon, minimalistic
simple mordern, screen-print, Henri Matisse

03 | 이미지 생성까지 약간의 시간이 소요됩니다. 이니셜 옵션(Initial Options)으로 구성된 4장의 도넛 심볼 이미지를 확인할 수 있습니다. 해당 이미지를 클릭합니다.

04 | 화면 위에 이미지가 크게 나타납니다. 이미지에서 마우스 오른쪽 버튼을 클릭하고 **다른 이름으로 사진 저장**을 실행하여 이미지를 저장할 수 있습니다.

05 | 다른 형태의 이미지를 확인하기 원한다면, 원하는 컷의 (V(베리에이션, Variation)) 버튼을 클릭하여 이미지를 추가로 요청할 수 있습니다. (V1) 버튼을 클릭하면 1번 이미지가 4가지 버전의 이미지로 추가 생성됩니다.

06 | 1번 도넛을 응용한 4장의 도넛 심볼 이미지를 확인할 수 있습니다. 미세하게 형태와 색상 등이 다르게 나타납니다. 정교한 이미지를 얻기 위해 원하는 컷의 (U(업스케일, Upscale)) 버튼을 클릭하여 고해상도화합니다. (U1) 버튼을 클릭합니다.

07 | 1번 이미지의 1,024×1,024픽셀 이미지가 생성되면 해당 이미지를 클릭합니다.

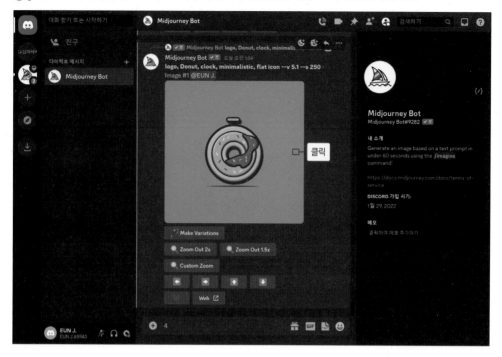

08 | 화면 위에 크게 나타난 이미지에서 마우스 오른쪽 버튼을 클릭하고 **다른 이름으로 사진 저장**
을 실행하여 이미지를 저장할 수 있습니다.

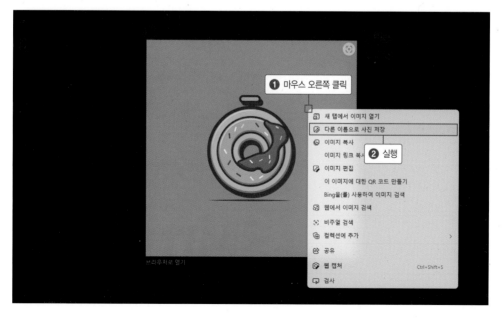

프롬프트 수정하여 입체 심볼 이미지 추출하기

01 │ 입력창에 커서를 삽입한 다음 '/(슬래시)'를 입력합니다. 자동 완성 팝업이 표시되면 이미지를 생성하는 명령어인 '/imagine'을 선택합니다.

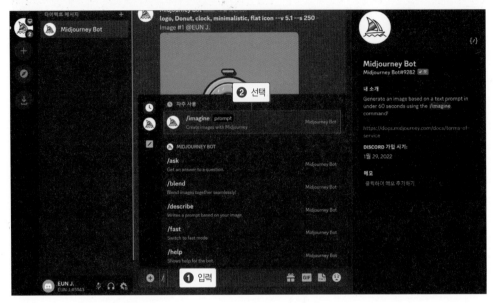

02 │ 이미지 추출을 명령하기 위해 /imagine prompt 입력창이 나타나면 다음의 프롬프트를 복사하여 붙여넣고 Enter를 누릅니다. 'flat icon'을 '3d'로 변경합니다.

(텍스트 프롬프트(, 분위기 설명)(, 표현 방법 수정))의 기본 문법 적용

/imagine prompt logo, donut, clock, minimalistic, 3d

03 | 이니셜 옵션(Initial Options)으로 구성된 4장의 입체 도넛 이미지를 확인할 수 있습니다. 다음의 이미지는 창의적이지만 시계 표현이 지나치게 많이 적용되었습니다.

04 | '시계'보다 '도넛'이라는 명령어를 강조하기 위해 각 단어에 중요도 수치값을 삽입합니다. 단어 옆에 '::1'과 같이 숫자를 넣어 입력합니다. 다음은 'clock'보다 'donut'을 2배 정도 강조하라는 명령어입니다.

〔텍스트 프롬프트(, 분위기 설명)(, 표현 방법 수정)〕+〔:: 강조 파라미터〕의 기본 문법 적용

/imagine prompt logo, donut::2, clock::1, minimalistic, 3d

05 | 다른 형태의 이미지를 확인하기 원한다면, 원하는 컷의 [V(베리에이션, Variation)] 버튼을 클릭해 이미지를 요청할 수 있습니다. [V3] 버튼을 클릭하면 3번 이미지가 4가지 버전의 이미지로 추가 생성됩니다.

06 | 3번 도넛을 응용한 4장의 도넛 심볼 이미지를 확인할 수 있습니다. 미세하게 앵글과 색상 등이 다르게 나타납니다. 정교한 이미지를 얻기 위해 원하는 컷의 [U(업스케일, Upscale)] 버튼을 클릭해 고해상도화합니다. [U1] 버튼을 클릭합니다.

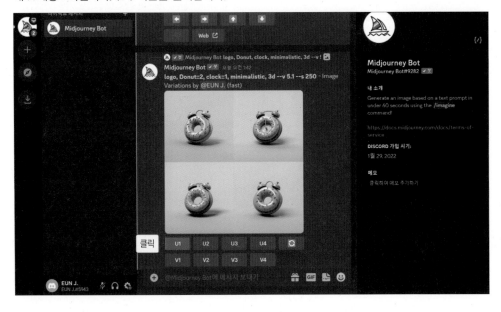

07 | 1번 이미지의 1,024×1,024픽셀 버전이 생성됩니다. 해당 이미지를 클릭합니다.

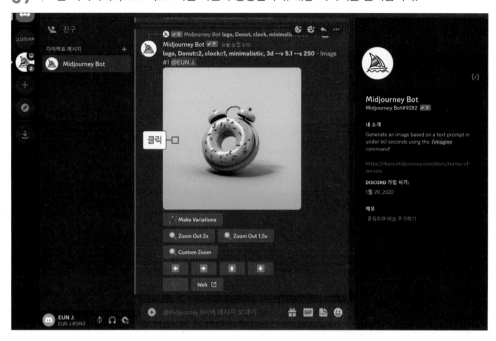

08 | 화면 위에 크게 나타난 이미지에서 마우스 오른쪽 버튼을 클릭하고 **다른 이름으로 사진 저장**을 실행하여 이미지를 저장할 수 있습니다.

포토샵에서 배경 삭제하기

01 | 포토샵에서 (File) → Open을 실행한 다음 '브랜드 심볼' 폴더에서 'donut.jpg' 파일을 불러옵니다. 미드저니에서 생성한 도넛 심볼 이미지가 표시됩니다.

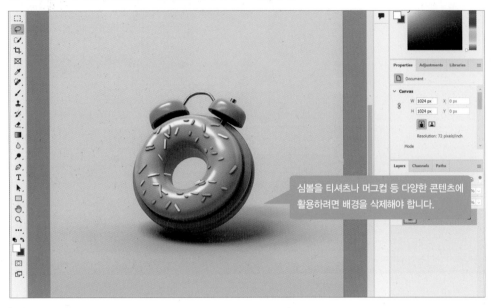

심볼을 티셔츠나 머그컵 등 다양한 콘텐츠에 활용하려면 배경을 삭제해야 합니다.

02 | 배경을 삭제하기 위해 (Contextual Task Bar)에서 (Remove background)를 클릭합니다.

03 | 배경이 삭제되고 도넛만 남습니다. 도넛 안쪽 배경도 삭제하기 위해 빠른 선택 도구()를 선택한 다음 도넛 안쪽을 클릭하면 삭제할 공간이 선택됩니다.

04 | Delete를 눌러 도넛 안쪽 배경을 삭제합니다. Layers 패널에서 레이어 마스크 섬네일 모양에 변화가 생긴 것을 확인할 수 있습니다. 선택 영역을 해제하기 위해 Ctrl+D를 누릅니다.

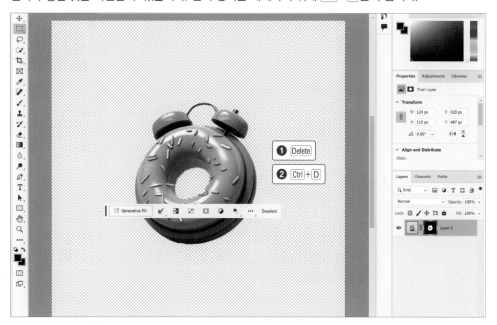

브랜드 로고 타입 삽입하기

01 로고 타입이 들어갈 공간을 확보하기 위해 Tools 패널에서 이동 도구(✛)를 선택하고 Shift를 누르며 도넛을 상단으로 이동합니다.

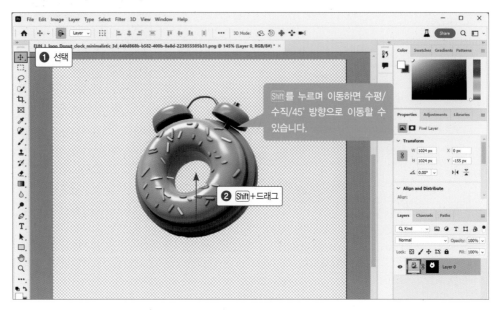

02 로고 타입 하단에 텍스트를 삽입하기 위해 Tools 패널에서 문자 도구(T.)를 선택하고 캔버스에 드래그하여 단락을 입력할 수 있는 텍스트 상자를 삽입합니다.

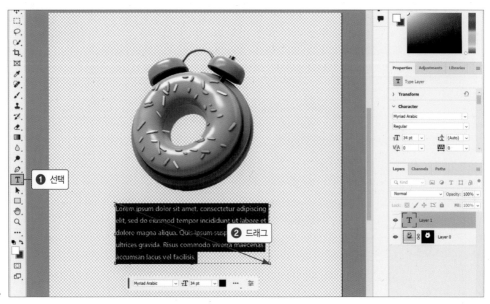

03 | 'DONUTIME'을 입력한 다음 드래그하여 전체 선택합니다. 텍스트 상자 가까이에 위치한 〔Contextual Task Bar〕에서 글꼴을 수정할 수 있습니다.

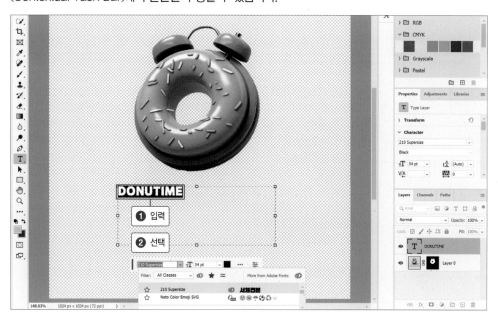

04 | 〔Contextual Task Bar〕에서 글꼴을 '210 Supersize', 글자 크기를 '85pt'로 설정합니다.

05 │ 옵션바에서 색상 상자를 클릭하여 Color Picker 대화상자가 표시되면 심볼의 전체적인 색상 톤을 유지하기 위해 스포이트로 심볼 이미지를 클릭하여 색상을 추출한 다음 (OK) 버튼을 클릭합니다. 옵션바의 'Commit' 아이콘을 클릭하면 변경이 완료됩니다.

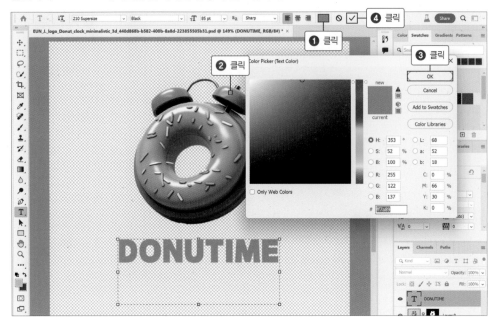

06 │ 심볼과 어울리는 색상의 로고 타입이 삽입되었습니다.

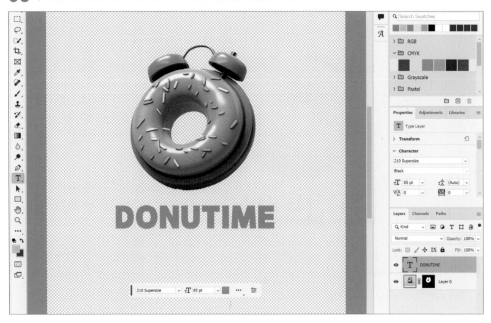

브랜드 슬로건 삽입하기

01 | 로고 타입 위치에 텍스트를 삽입하기 위해 Tools 패널에서 문자 도구(T.)를 선택하고 로고 하단에 드래그하면 임의의 텍스트가 채워집니다.

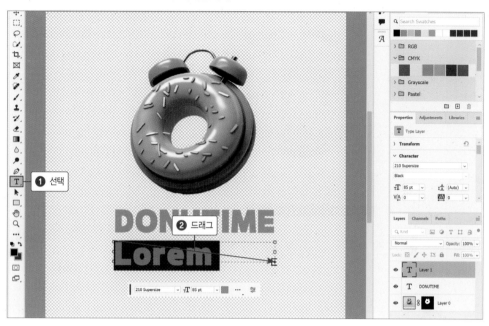

02 | 'TIME FOR DONUT DELIGHTS'를 입력한 다음 드래그하여 전체 선택합니다.

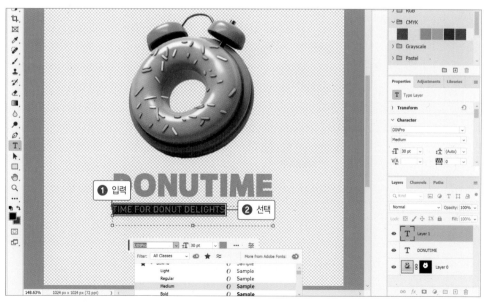

03 │ (Contextual Task Bar)에서 글꼴을 'DINpro Medium', 글자 크기를 '35p'로 설정합니다. 색상은 이전에 적용한 색상으로 자동 지정됩니다.

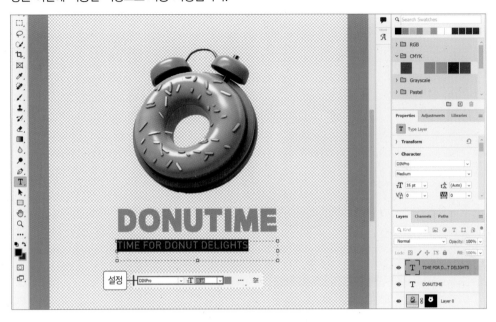

04 │ 슬로건을 가운데 정렬하기 위해 Paragraph 패널의 'Center text' 아이콘(　)을 클릭합니다. 로고 타입과 어울리는 글꼴과 글자 크기로 슬로건이 삽입되었습니다.

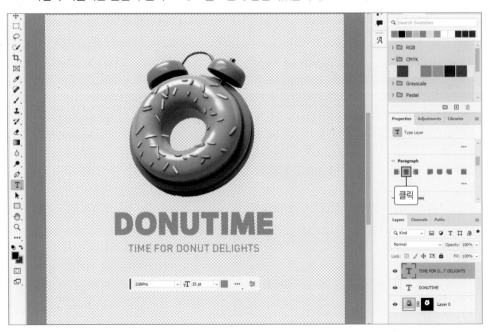

로고 타입에 운동감 적용하기

01 │ 텍스트 형태를 동시에 변화시키기 위해 두 개의 텍스트 레이어를 Shift 를 누른 채 모두 선택합니다.

02 │ 형태 수정 후에도 텍스트 내용을 수정할 수 있도록 마우스 오른쪽 버튼을 클릭하고 **Convert to Smart Object**를 실행합니다.

03 │ 〔Edit〕 → **Free Transform**을 실행하거나 Ctrl+T를 누르면 바운딩 박스가 생성됩니다. Ctrl을 누른 채 가운데 오른쪽 상단 기준점을 이동하여 위 · 아래로만 운동감을 줍니다.

1 Ctrl+T

2 Ctrl+드래그

04 │ Ctrl을 누른 채 기준점을 조정하고 옵션바의 'Commit' 아이콘을 클릭하면 변경이 완료됩니다. 〔File〕 → **Save As**를 실행하여 파일 형식을 PSD로 저장합니다.

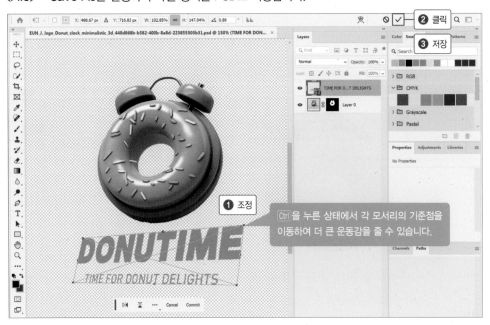

2 클릭

3 저장

1 조정

Ctrl을 누른 상태에서 각 모서리의 기준점을 이동하여 더 큰 운동감을 줄 수 있습니다.

슬로건의 색상과 크기 변형하기

01 │ 슬로건의 색상과 크기 및 위치를 변경하기 위해 스마트 오브젝트(Smart Object)로 변환된 레이어의 섬네일을 더블클릭합니다.

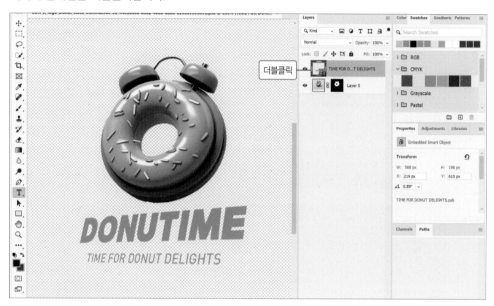

02 │ 글꼴 부분만 저장된 또 하나의 문서 창이 열립니다. 스마트 오브젝트로 전환된 글꼴과 내용은 언제든지 변경할 수 있습니다.

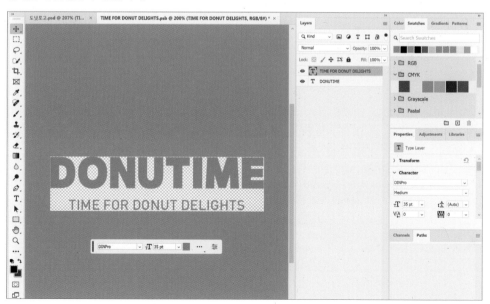

03 │ 변화된 형태와 잘 어울리는 글꼴과 크기로 변경하기 위해 Character 패널에서 글꼴을 'DINpro', 글꼴 스타일을 'Bold', 글자 크기를 '35pt'로 설정합니다.

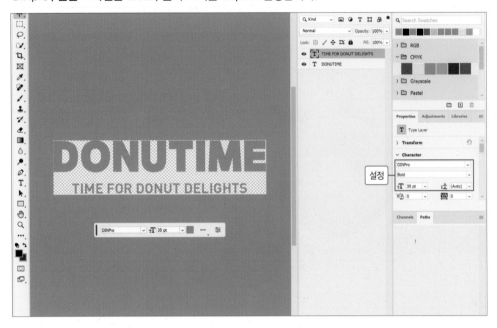

04 │ 변화된 형태와 잘 어울리는 위치와 색상으로 변경하기 위해 이동 도구(⊕)를 선택하고 슬로건을 위쪽으로 드래그하여 이동합니다. (Contextual Task Bar)에서 색상을 '보라색'으로 지정합니다.

05 수정을 마친 다음 반드시 (**File**) → **Save**(Ctrl+S)를 실행합니다. 파일 이름 탭에서 작업 중인 캔버스를 선택하면 슬로건 위치, 글꼴, 색상이 변경된 것을 확인할 수 있습니다. 여백을 잘라내기 위하여 자르기 도구(口.)를 선택한 다음 표시되는 조절점을 이용해서 자르기 영역을 조절합니다.

여백 부분이 파일 크기를 크게 만드는 원인이 됩니다. 작업 과정에서도 여백 부분이 선택 영역으로 지정되어 불편하므로 작업이 완료되면 불필요한 여백을 없애는 것이 좋습니다.

06 Enter를 누르면 간단하게 자르기 작업이 완료됩니다. (**File**) → **Save As**를 실행하거나 Ctrl +Shift+S를 눌러 Save As 대화상자가 표시되면 파일 형식을 PNG로 지정하여 저장합니다.

도넛 이미지가 삽입된 머그컵 목업 완성하기

01 │ 〔File〕 → **Open**을 실행한 다음 '브랜드 심볼' 폴더에서 무료 목업 사이트에서 다운로드한 'Realistic Coffee Cup Mockup.psd' 파일을 불러옵니다.

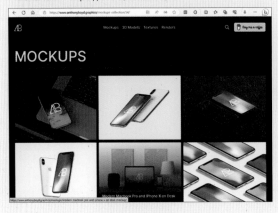

알아두기 무료 목업 사이트

알아두면 유용한 목업 사이트를 소개합니다. 원하는 목업 형태를 다운로드하여 사용하세요.
- ANTHONY BOYD – https://www.anthonyboyd.graphics
- Mockupworld – https://www.mockupworld.co/all-mockups/
- Behance – https://www.behance.net

02 │ 머그컵 로고만 교체하기 위해 스마트 오브젝트의 섬네일을 더블클릭합니다. 글자 부분만 저장된 또 하나의 문서 창이 열립니다.

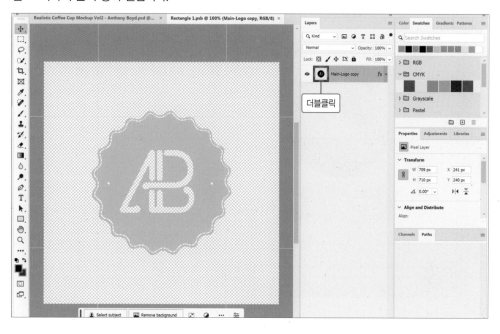

03 │ 기존 로고를 삭제하기 위해 사각형 선택 도구(⬚)를 선택한 다음 로고 영역을 드래그해 선택하고 Delete를 누르면 삭제됩니다. Ctrl+D를 누르거나 여백 부분을 클릭하여 선택을 해제합니다.

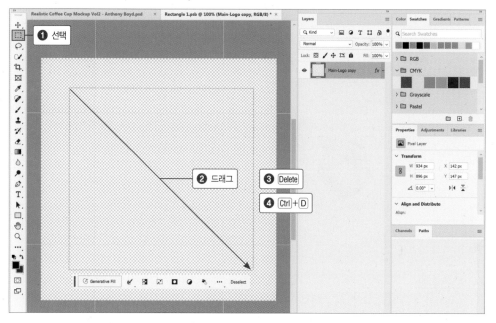

04 │ 〔File〕 → **Place Embedded**를 실행하고 '브랜드 심볼' 폴더의 '도넛타임로고.png' 파일을 불러옵니다.

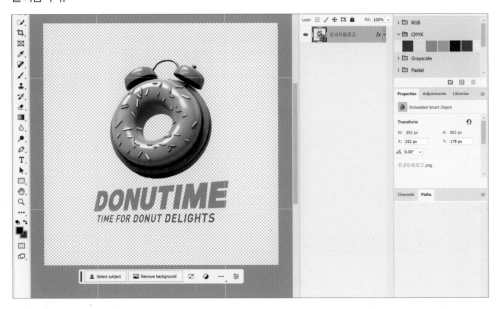

05 │ 수정을 마친 후 반드시 〔File〕 → **Save**(Ctrl+S)를 실행합니다. 파일 이름 탭에서 'Realistic Coffee Cup Mockup.psd'를 선택하면 도넛타임 로고가 적용된 머그 이미지를 확인할 수 있습니다.

06 │ 두 개의 레이어를 하나로 합쳐 색상을 보정하기 위해 Layers 패널에서 Shift를 누른 채 두 개의 레이어를 모두 선택합니다. '패널 메뉴' 아이콘(▣)을 클릭하고 **Merge Layers**(Ctrl+E)를 실행하면 하나로 병합된 레이어를 확인할 수 있습니다.

07 │ Adjustments 패널에서 항목에 마우스 커서를 위치시키면 화면에서 변화를 확인할 수 있습니다. 'more'를 클릭하면 더 많은 상세 옵션을 확인할 수 있습니다. 'Creative → Color Pop'을 선택해 명도가 높은 팝 컬러가 적용된 도넛 로고를 완성합니다.

캐릭터를 활용한 애니메이션
스토리보드 제작하기

스토리보드에는 다양한 장면이 그림으로 표현됩니다. 빠른 움직임이나 상상을 포함하는 시퀀스들은 일상생활에서 자주 접하기 어려운 장면들이기 때문에 자연스럽게 그려내기가 어려울 수 있습니다. 또한, 위에서 내려다보는 장면이나 아래서 올려다보는 독특한 시점들을 표현하려면 높은 관찰력이 요구됩니다. 인공지능 기술은 다양한 데이터를 기반으로 우리가 생각하지 못한 배경과 카메라 앵글 등을 제안할 수 있어 더 많은 선택의 폭을 가지고 창의적인 아이디어를 제시할 수 있도록 도와줍니다. 이를 활용하여 포토샵 AI로 빠르게 스토리보드 폼을 완성할 수 있습니다. 미드저니를 활용하여 참신하고 독특한 스타일의 3D 캐릭터 애니메이션 스토리보드를 제작해 보겠습니다. '용감한 우주 모험가 엘리'의 스토리를 3D 캐릭터를 활용하여 애니메이션 스토리보드 형식으로 구성하겠습니다.

○ 예제 및 완성 파일 : 스토리보드 폴더

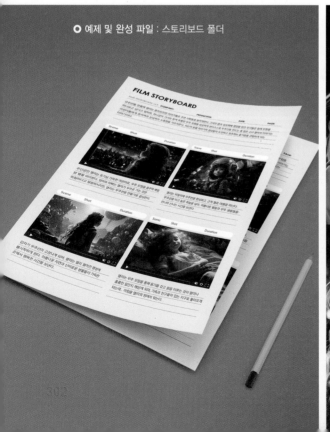

❶ 미드저니에서 스토리에 맞게 주인공의 머리색, 눈 동자 색, 표정 등의 디테일 표현하기

❷ 우주 모험을 꿈꾸는 첫 장면을 16:9 비율로 설정 하기

❸ 우주여행을 떠나는 장면 생성하기

❹ 주인공이 방에 눈을 감고 잠들어 있는 장면 생성 하기

❺ 포토샵에서 스토리보드 형식에 각 장면 가져오기

❻ 각 장면에 스크립트 설명 삽입하기

미드저니에서 주인공 초안 이미지 생성하기

01 │ 미드저니를 사용하여 이미지를 생성하기 위해 디스코드에서 통용되는 명령어를 '/(슬래시)+명령어'를 이용해 입력합니다.

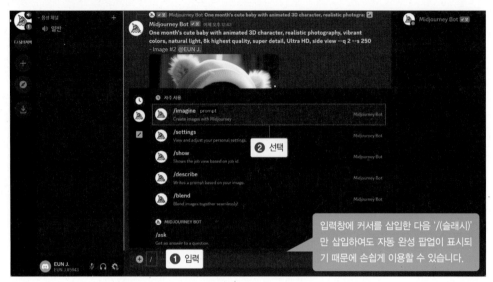

02 │ 이미지 추출을 명령하기 위해 /imagine prompt 입력창이 나타나면 커서가 깜빡거리는 위치에 다음의 프롬프트를 복사하여 붙여넣고 Enter를 누릅니다. '호기심 가득한 눈빛의 밝고 쾌활한 성격을 가진 10살 여자 어린이의 캐릭터 이미지'를 요청합니다.

[텍스트 프롬프트(, 표현 방법으로 캐릭터 지정)]의 기본 문법 적용

/imagine prompt Examples of a character model, a 10-year-old female child with curious eyes, bright and cheerful personality

03 | 이미지가 생성되기까지 약간의 시간이 소요됩니다. 잠시 후 이니셜 옵션(Initial Options)으로 구성된 4장의 캐릭터 이미지를 확인할 수 있습니다. 해당 이미지를 클릭합니다.

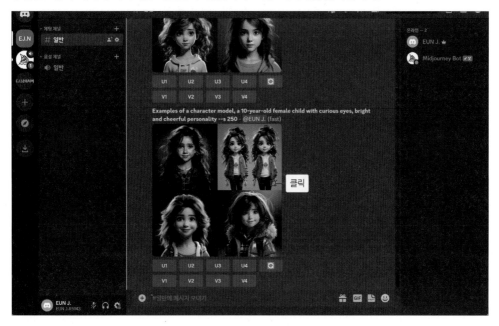

04 | 크게 나타난 이미지에서 마우스 오른쪽 버튼을 클릭하고 **다른 이름으로 사진 저장**을 실행하면 이미지를 저장할 수 있습니다.

주인공의 머리색과 스타일, 눈동자 색, 표정 등 이미지 표현하기

01 | 주인공의 모습을 섬세하게 표현하기 위해 텍스트 프롬프트 뒤로 ',(콤마)'를 삽입한 다음 '유니크하고 똑똑한 얼굴, 길지만 엉킨 머리, 밝은 금발 헤어, 크고 파란 눈'을 삽입하고 Enter를 누릅니다.
(텍스트 프롬프트(, 표현 방법)(, 섬세한 설명))의 기본 문법 적용

/imagine prompt

Examples of a character model, a 10-year-old female child with curious eyes, bright and cheerful personality, a unique and intelligent face, hair long but tangled, hair color light blonde, large blue eyes

02 | 이미지가 생성되기까지 약간의 시간이 소요됩니다. 이니셜 옵션(Initial Options)으로 구성된 4장의 금발 헤어가 강조된 스타일의 캐릭터 이미지를 확인할 수 있습니다. 4번 이미지의 고해상도 이미지를 추출하기 위해 (U4(업스케일, Upscale)) 버튼을 클릭합니다.

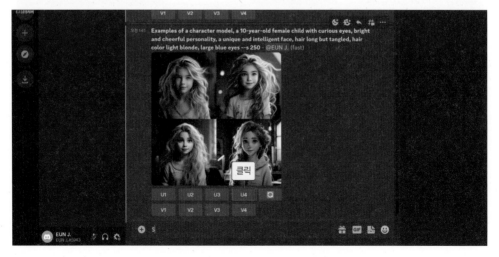

03 │ 1,024×1,024픽셀의 고해상도 버전을 생성하면 해당 이미지를 클릭합니다.

04 │ 이미지에서 마우스 오른쪽 버튼을 클릭하고 **다른 이름으로 사진 저장**을 실행하여 이미지를 저장할 수 있습니다. 텍스트 프롬프트를 구체적으로 제시하여 의도에 적합한 캐릭터 이미지가 생성되었습니다.

05 | 3번의 결과가 마음에 들지만 더 확실한 변화를 확인하고 싶다면 (Vary (Strong)) 버튼을 클릭합니다.

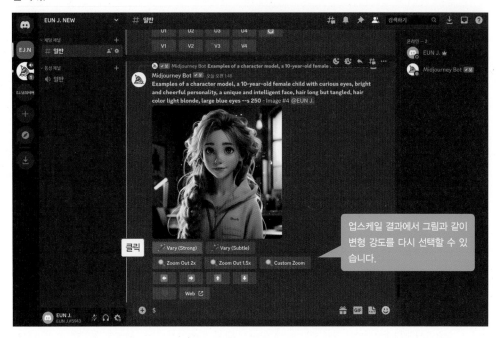

업스케일 결과에서 그림과 같이 변형 강도를 다시 선택할 수 있습니다.

06 | 다양한 헤어스타일과 표정을 가진 4종류의 이미지들이 생성되면 해당 이미지를 클릭합니다.

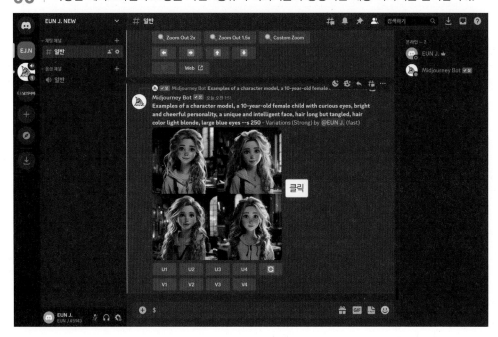

07 | 화면 위에 크게 보이는 이미지 하단의 '브라우저 열기' 아이콘을 클릭합니다. 새 탭에서 고해상도 이미지를 확인하고 마우스 오른쪽 버튼을 클릭하여 **다른 이름으로 사진 저장**을 실행할 수 있습니다. 스타일을 유지하며 헤어스타일 등의 변화를 예상할 수 있습니다.

매일 밤 비밀스러운 우주 모험을 꿈꾸는 첫 장면 생성하기

01 | 첫 장면 생성을 명령하기 위해 /imagine prompt 입력창이 나타나면 커서가 깜빡거리는 위치에 다음의 프롬프트를 복사하여 붙여넣고 Enter를 누릅니다. '밤마다 작은 창가에서 별빛을 바라보며 비밀스러운 우주 모험을 꿈꾸는 애니메이션 장면'을 요청합니다.

〔텍스트 프롬프트(, 표현 방법)(, 섬세한 설명)〕의 기본 문법 적용

/imagine prompt An animated scene in which she goes to her little window at night, gazes at the stars, and dreams of her own secret space adventure.

02 │ 이미지가 생성되기까지 약간의 시간이 소요됩니다. 이니셜 옵션(Initial Options)으로 구성된 4장의 창문 장면 이미지가 나타나면 해당 이미지를 클릭합니다.

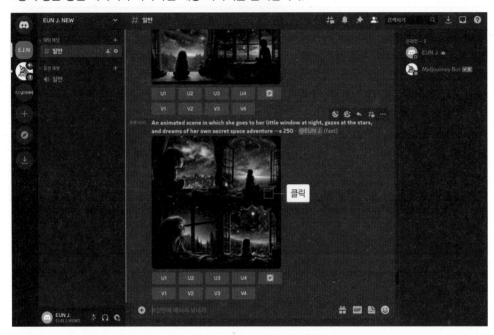

03 │ 이미지에서 마우스 오른쪽 버튼을 클릭하여 **다른 이름으로 사진 저장**을 실행하면 저장할 수 있습니다. 장면은 표현되었으나 앞서 추출된 주인공의 느낌과는 차이가 있어 스타일을 통일시키는 과정이 필요합니다.

04 ┃ 원하는 이미지의 seed 값을 얻기 위해 캐릭터의 오른쪽 상단 '반응 추가하기' 아이콘을 클릭합니다.

05 ┃ seed 값을 얻기 위해 미드저니에게 메시지를 보내려면 검색창에서 'envelope'을 검색합니다. 편지봉투 모양의 이모티콘을 선택합니다.

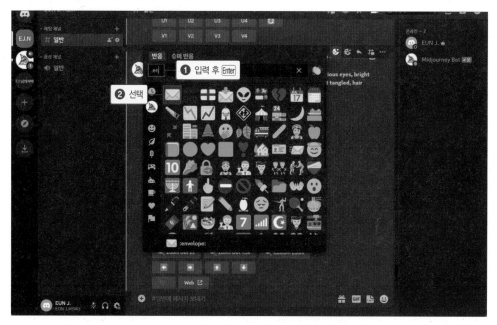

06 │ 미드저니로부터 쪽지를 받으면 나만의 서버에서 이미지를 생성한 경우에는 왼쪽 서버 영역의 상단 '다이렉트 메시지' 아이콘을 클릭하여 seed 값 메시지를 확인할 수 있습니다. seed 값을 복사합니다.

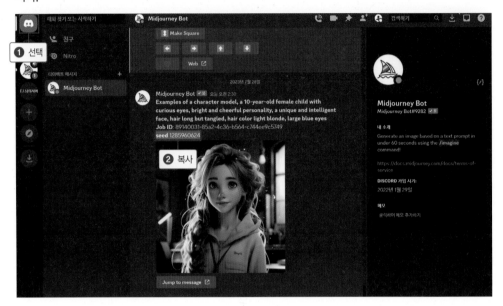

07 │ 이미지 추출을 명령하기 위해 /imagine prompt 입력창이 나타나면 커서가 깜빡거리는 위치에 01번 과정에서 사용한 프롬프트를 복사하여 붙여넣습니다. 텍스트 프롬프트 뒤로 06번 과정에서 복사한 '--seed 1285960624'를 삽입한 다음 Enter 를 누릅니다.

(텍스트 프롬프트)+(--seed 파라미터)의 기본 문법 적용

/imagine prompt An animated scene in which she goes to her little window at night, gazes at the stars, and dreams of her own secret space adventure(텍스트 프롬프트) --seed 1285960624(파라미터)

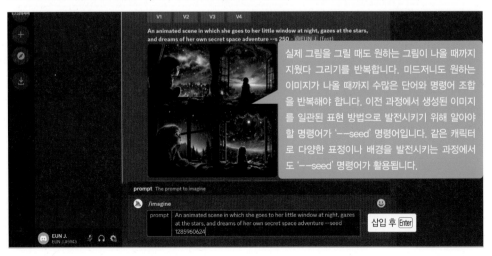

실제 그림을 그릴 때도 원하는 그림이 나올 때까지 지웠다 그리기를 반복합니다. 미드저니도 원하는 이미지가 나올 때까지 수많은 단어와 명령어 조합을 반복해야 합니다. 이전 과정에서 생성된 이미지를 일관된 표현 방법으로 발전시키기 위해 알아야 할 명령어가 '--seed' 명령어입니다. 같은 캐릭터로 다양한 표정이나 배경을 발전시키는 과정에서도 '--seed' 명령어가 활용됩니다.

08 | 잠시 후 이니셜 옵션(Initial Options)으로 구성된 4장의 창문 장면을 확인할 수 있습니다. 초기 단계에서 기획한 주인공의 헤어스타일이나 얼굴형을 조금 더 반영하여 추출된 이미지이지만 만족스러운 결과라고 보기에는 어렵습니다.

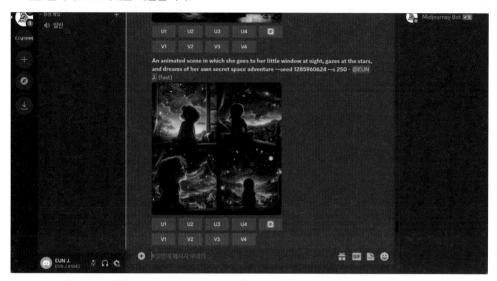

첫 장면에 주인공의 모습 일치시키기

01 | 미드저니에게 앞으로 표현하고자 하는 주인공의 모습을 학습시키기 위해 참고 이미지를 추가 제공합니다. 해당 이미지를 클릭해 확대된 이미지에서 마우스 오른쪽 버튼을 클릭하고 **이미지 링크 복사**를 실행하여 이미지 주소를 복사합니다.

02 │ 주인공 이미지를 참고하여 만들어진 첫 장면을 생성하기 위해 /imagine prompt 입력창이 나타나면 커서가 깜빡거리는 위치에 먼저 복사된 이미지 링크를 붙여넣습니다.

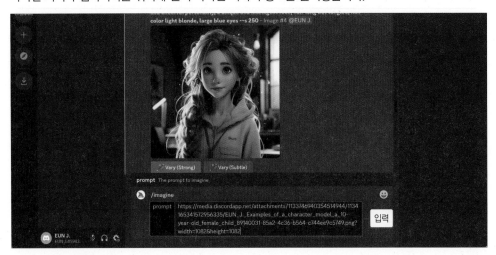

03 │ 이미지 링크 뒤로 '(콤마)'를 삽입한 다음 (매일 밤 비밀스러운 우주 모험을 꿈꾸는 첫 장면 생성하기) 과정에서 사용한 텍스트 프롬프트와 seed 값 파라미터를 그대로 복사하여 삽입하고 [Enter]를 누릅니다. 주인공의 모습이 달라지지 않게 하기 위한 장치로 볼 수 있습니다.

(이미지 링크)+(텍스트 프롬프트)+(--seed 파라미터)의 기본 문법 적용

/imagine prompt https://media.discordapp.net/attachments/1133746940354514944/1134165341572956335/EUN_J._Examples_of_a_character_model_a_10-year-old_female_child_89140031-85a2-4c36-b564-c744ee9c5749.png?width=1082&height=1082(이미지 링크), An animated scene in which she goes to her little window at night, gazes at the stars, and dreams of her own secret space adventure(텍스트 프롬프트)--seed 1285960624(파라미터)

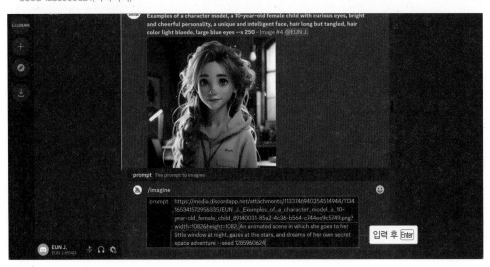

04 　잠시 후 이니셜 옵션(Initial Options)으로 구성된 4장의 주인공 모습이 변경된 창문 장면을 확인할 수 있습니다. 헤어스타일과 얼굴 형태, 복장까지도 일치되었습니다. 장면 설명이 강조되는 3번의 고해상도 이미지를 추출하기 위해 〔U3(업스케일, Upscale)〕 버튼을 클릭합니다.

05 　1,024×1,024픽셀 버전을 생성합니다.

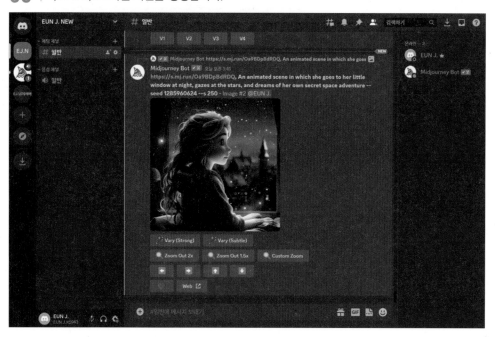

사용 목적에 맞는 비율 설정하기

01 | 이미지에서 마우스 오른쪽 버튼을 클릭하고 **이미지 링크 복사**를 실행해 이미지 주소를 복사합니다.

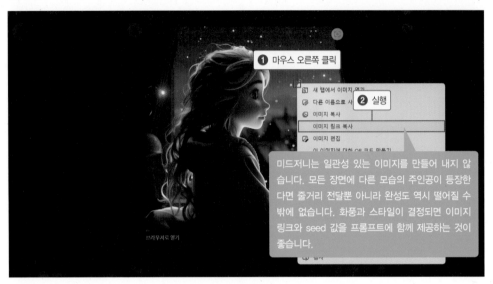

02 | 이미지의 seed 값을 얻기 위해 캐릭터의 오른쪽 상단 '반응 추가하기' 아이콘을 클릭합니다. 검색창에서 'envelope'을 검색하고 첫 번째 편지봉투 모양의 이모지를 선택합니다.

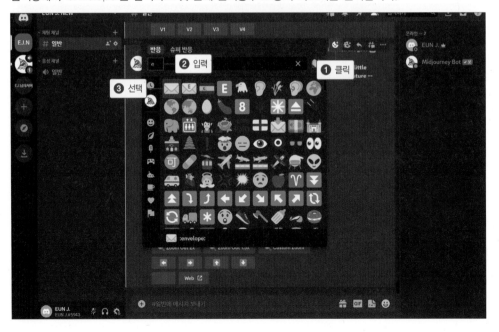

03 미드저니로부터 다이렉트 메시지를 받으면 그림과 같이 이미지 하단에 편지봉투 이모지가 나타나고, 왼쪽 서버 영역에도 미드저니에게 메시지가 왔다는 '1' 표시가 확인됩니다. 해당 아이콘을 클릭합니다.

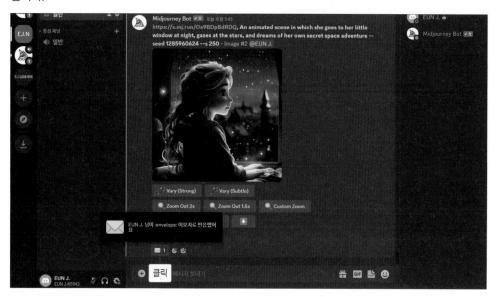

04 왼쪽 서버 영역 상단의 '다이렉트 메시지' 아이콘을 클릭하여 seed 값 메시지를 확인한 다음 복사합니다.

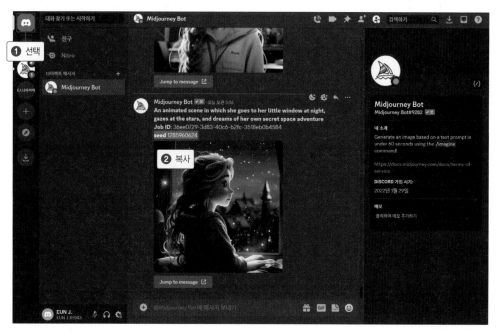

05 │ 작업하던 서버로 돌아갑니다. 첫 장면 분위기를 유지하기 위해 /imagine prompt 입력창이 나타나면 커서가 깜빡거리는 위치에 먼저 1번 과정에서 복사된 이미지 링크를 붙여넣습니다.

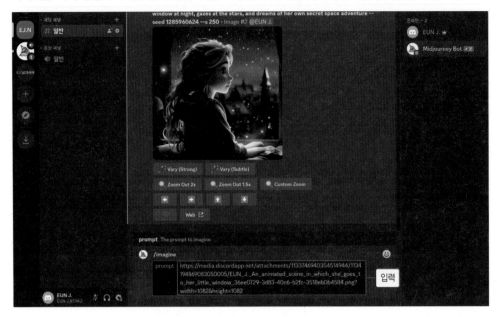

06 │ 이미지 링크 뒤로 ',(콤마)'를 삽입한 다음 (매일 밤 비밀스러운 우주 모험을 꿈꾸는 첫 장면 생성하기) 과정에서 사용한 텍스트 프롬프트와 04번 과정에서 복사한 seed 값 파라미터를 복사해 삽입합니다.

(이미지 링크)+(텍스트 프롬프트)+(--seed 파라미터)의 기본 문법 적용

/imagine prompt https://media.discordapp.net/attachments/1133746940354514944/1134194869083050005/
EUN_J._An_animated_scene_in_which_she_goes_to_her_little_window_36ee0729–3d83–40c6–b2fc–
3518eb0b4584.png?width=1082&height=1082(이미지 링크), An animated scene in which she goes to her
little window at night, gazes at the stars, and dreams of her own secret space adventure(텍스트 프롬프트)
--seed 1285960624(파라미터)

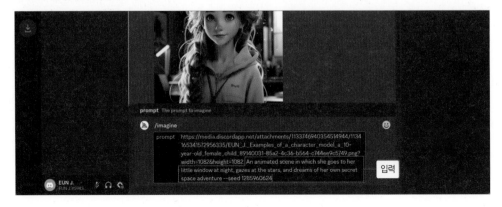

07 | 화면 비율을 변경하기 위해 프롬프트 뒤에 '--aspect'나 '--ar'라는 파라미터를 추가합니다. 텍스트 프롬프트 뒤로 '--ar 16:9'를 삽입한 다음 Enter 를 누릅니다.

(이미지 링크)+(텍스트 프롬프트)+(--seed --ar 파라미터)의 기본 문법 적용

/imagine prompt https://media.discordapp.net/attachments/1133746940354514944/1134194869083050005/ EUN_J._An_animated_scene_in_which_she_goes_to_her_little_window_36ee0729-3d83-40c6-b2fc- 3518eb0b4584.png?width=1082&height=1082(이미지 링크), An animated scene in which she goes to her little window at night, gazes at the stars, and dreams of her own secret space adventure(텍스트 프롬프트) --seed 1285960624(파라미터) --ar 16:9(파라미터)

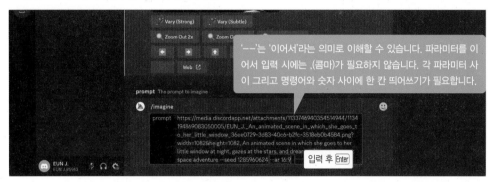

08 | 이니셜 옵션(Initial Options)으로 구성된 4장의 16:9 비율의 창문 장면이 나타납니다. 장면 설명이 강조되는 1번 이미지의 고해상도 이미지를 추출하기 위해 (U1(업스케일, Upscale)) 버튼을 클릭합니다.

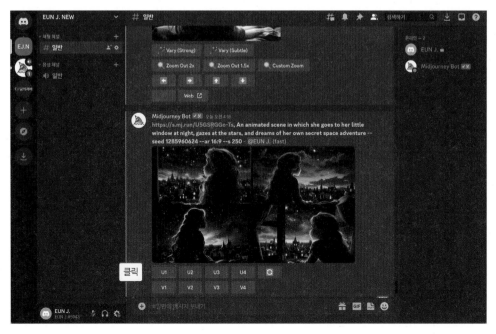

09 | 1,456×816픽셀 버전의 이미지가 생성됩니다.

우주선을 타고 별로 여행을 떠나는 두 번째 장면 생성하기

01 | 주인공 이미지를 참고하여 만들어진 첫 장면을 생성하기 위해 /imagine prompt 입력창이 나타나면 커서가 깜빡거리는 위치에 먼저 복사된 이미지 링크를 붙여넣습니다.

02 │ 이미지 링크 뒤로 ',(콤마)'를 삽입한 다음 '10살 아이가 만든 우주선을 타고 근처 별로 여행을 떠나는 밝고 재미있는 분위기의 애니메이션 장면'이라는 텍스트 프롬프트를 삽입합니다. 이어서 '──seed 1285960624 ──ar 16:9' 파라미터를 삽입하고 Enter를 누릅니다.

〔이미지 링크〕+〔텍스트 프롬프트〕+〔──seed ──ar 파라미터〕의 기본 문법 적용

/imagine prompt https://media.discordapp.net/attachments/1133746940354514944/1134203638772940810/ EUN_J._An_animated_scene_in_which_she_goes_to_her_little_window_2527b54b-4f83-43b4-8835-436c86528a33.png?width=1932&height=1082(이미지 링크), Bright and fun animated scene of a 10-year-old child traveling to a nearby star in a cute spaceship made from scrap materials(텍스트 프롬프트) ──seed 1285960624(파라미터) ──ar 16:9(파라미터)

03 │ 이니셜 옵션(Initial Options)으로 구성된 4장의 우주여행 장면에서 주인공의 모습이 일관되게 유지되고 있습니다. 장면 설명이 강조되는 3번 이미지의 고해상도 이미지를 추출하기 위해 〔U3(업스케일, Upscale)〕 버튼을 클릭합니다.

04 | 1,456×816픽셀 버전의 이미지가 생성됩니다.

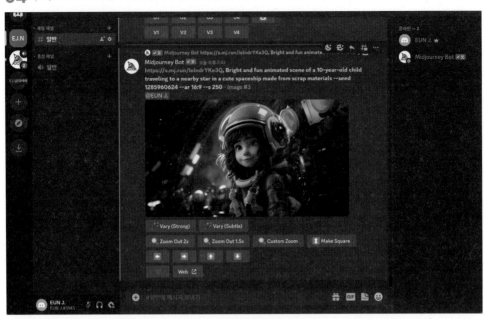

불시착한 아름다운 행성에서 신비로운 환경을 만나는 세 번째 장면 생성하기

01 | 미드저니에게 앞으로 표현하고자 하는 주인공의 모습을 학습시키기 위해 참고 이미지를 계속해서 동일하게 제공합니다. 주인공 이미지를 클릭하고 확대된 이미지에서 마우스 오른쪽 버튼을 클릭한 다음 **이미지 링크 복사**를 실행하여 이미지 주소를 복사합니다.

02 │ 주인공 이미지를 참고하여 만들어진 첫 장면을 생성하기 위해 /imagine prompt 입력창이 나타나면 커서가 깜빡거리는 위치에 먼저 복사된 이미지 링크를 붙여넣습니다.

03 │ 이미지 링크 뒤로 ',(콤마)'를 삽입한 다음 '불시착한 아름다운 행성에서 10살 소녀가 신비로운 환경을 만나는 밝은 분위기의 애니메이션 장면'이라는 텍스트 프롬프트를 삽입합니다.

[이미지 링크]+[텍스트 프롬프트]의 기본 문법 적용

/imagine prompt https://media.discordapp.net/attachments/1120663967711383565/1134175874300788736/ anonymous_Examples_of_a_character_model_a_10-year-old_female_ch_89140031-85a2-4c36-b564- c744ee9c5749.png?width=1082&height=1082(이미지 링크), Bright animated scene of a 10-year-old girl encountering a mysterious environment on a beautiful planet(텍스트 프롬프트)

04 | 왼쪽 서버 영역의 첫 번째 아이콘을 클릭하여 다이렉트 메시지로 이동해 앞서 받은 미드저니의 메시지에서 주인공 이미지의 seed 값을 복사합니다. 다시 작업하던 서버로 돌아옵니다.

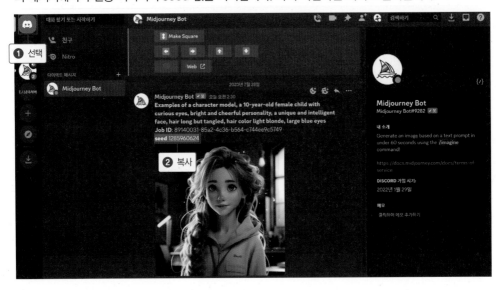

05 | 텍스트 프롬프트 뒤로 이어서 앞서 복사한 '--seed 1285960624' 값을 붙여넣은 다음 16:9 화면 비율을 유지한다는 '--ar 16:9' 파라미터를 삽입하고 Enter를 누릅니다.
(이미지 링크)+(텍스트 프롬프트)+(--seed --ar 파라미터)의 기본 문법 적용

/imagine prompt
https://media.discordapp.net/attachments/1120663967711383565/1134175874300788736/anonymous_ Examples_of_a_character_model_a_10−year−old_female_ch_89140031−85a2−4c36−b564−c744ee9c5749. png?width=1082&height=1082(이미지 링크), Bright animated scene of a 10−year−old girl encountering a mysterious environment on a beautiful planet(텍스트 프롬프트) −−seed 1285960624(파라미터) −−ar 16:9(파라미터)

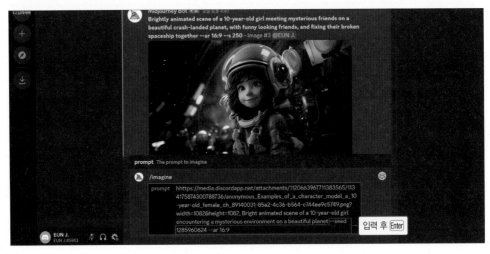

06 이니셜 옵션(Initial Options)으로 구성된 4장의 행성 장면 중 인물보다 배경 설명이 강조되는 2번 이미지의 고해상도 이미지를 추출하기 위해 〔U2(업스케일, Upscale)〕 버튼을 클릭합니다.

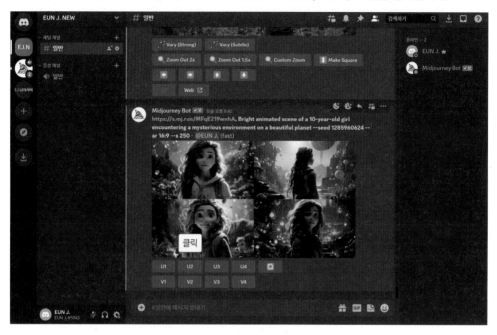

07 1,456×816픽셀 버전의 이미지가 생성됩니다.

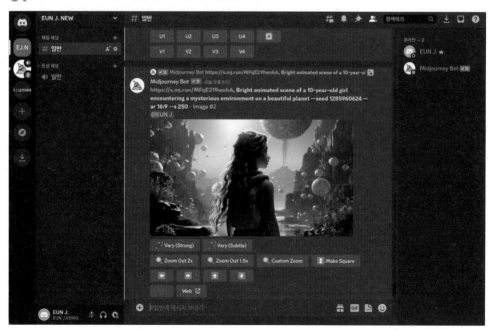

주인공이 잠들어 있는 네 번째 장면 생성하기

01 미드저니에게 표현하고자 하는 주인공의 모습을 학습시키기 위해 참고 이미지를 계속해서 동일하게 제공합니다. 주인공 이미지를 클릭하고 마우스 오른쪽 버튼을 클릭한 다음 **이미지 링크 복사**를 실행하여 이미지 주소를 복사합니다.

02 주인공 이미지를 일관되게 유지하기 위해 /imagine prompt 입력창이 나타나면 주인공의 이미지 링크를 붙여넣습니다. ',(콤마)'를 삽입한 다음 '침대 위에 잠들어 있는 10살 소녀의 애니메이션 장면, 햇살이 들어오는 밝은 방, 침대 옆에 놓인 갈색 배낭, 우주행성 사진들'이라는 텍스트 프롬프트를 삽입한 다음 주인공의 seed 값과 '--ar 16:9' 파라미터를 삽입하고 Enter를 누릅니다.

[이미지 링크]+[텍스트 프롬프트]+[--seed --ar 파라미터]의 기본 문법 적용

/imagine prompt https://media.discordapp.net/attachments/1120663967711383565/1134175874300788736/ anonymous_Examples_of_a_character_model_a_10-year-old_female_ch_89140031-85a2-4c36-b564- c744ee9c5749.png?width=1082&height=1082(이미지 링크), Animated scene of a 10-year-old girl a sleep on a bed, in a bright room with sunlight, a brown backpack next to her bed, and pictures of space planets, top view(텍스트 프롬프트) --seed 1285960624(파라미터) --ar 16:9(파라미터)

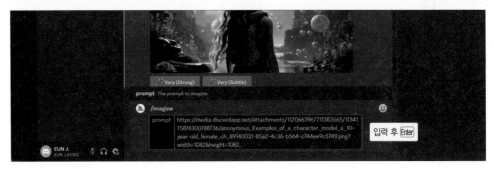

03 잠시 후 이니셜 옵션(Initial Options)으로 구성된 4장의 침대 위에 잠든 장면을 확인할 수 있습니다. '잠들어 있는'이라는 텍스트 프롬프트의 명령이 적극 반영되지 않은 결과로 보입니다.

> 제시된 이미지 링크가 강하게 반영되기 때문에 눈을 감은 이미지가 생성되기 어렵습니다. 상황에 따라 눈을 감고 있는 캐릭터를 먼저 생성해야 합니다.

04 주인공 이미지를 유지하며 눈감은 캐릭터를 생성하기 위해 /imagine prompt 입력창이 나타나면 '눈을 감은 10세 소녀 캐릭터 모델, 독특하고 지적인 얼굴, 길지만 엉킨 머리카락, 머리 색깔 밝은 금발'이라는 텍스트 프롬프트를 삽입한 다음 --seed 값을 넣고 Enter를 누릅니다.

〔이미지 링크〕+〔텍스트 프롬프트〕의 기본 문법 적용

/imagine prompt https://media.discordapp.net/attachments/1120663967711383565/1134175874300788736/anonymous_Examples_of_a_character_model_a_10-year-old_female_ch_89140031-85a2-4c36-b564-c744ee9c5749.png?width=1082&height=1082(이미지 링크), Example of a character model, 10-year-old girl child with closed eyes, unique and intelligent face, long but tangled hair, hair color light blonde(텍스트 프롬프트) --seed 1285960624(파라미터)

05 | 이니셜 옵션(Initial Options)으로 구성된 4장의 눈을 감고 있는 주인공 이미지를 확인할 수 있습니다. 인물보다 배경 설명이 강조되는 2번 이미지의 고해상도 이미지를 추출하기 위해 〔U2(업스케일, Upscale)〕 버튼을 클릭합니다.

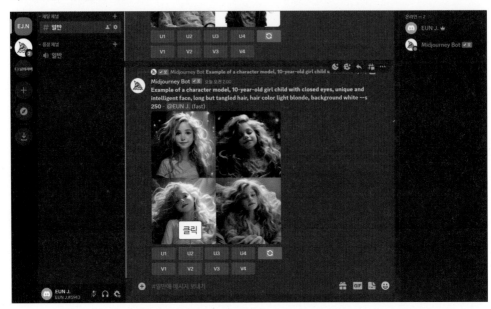

06 | 1,024×1,024픽셀 버전의 이미지가 생성됩니다. 눈 감은 주인공 모습이 만들어졌습니다.

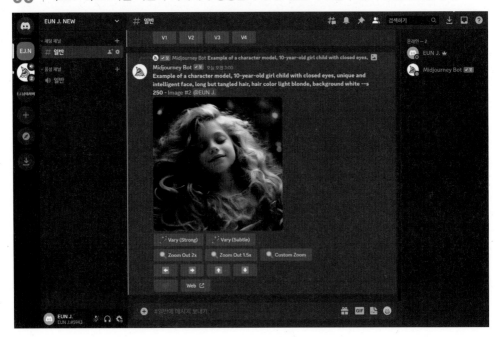

07 | 활용하려는 이미지의 seed 값을 얻기 위해 캐릭터의 오른쪽 상단 '반응 추가하기' 아이콘을 클릭한 다음 'envelope'을 검색합니다. 편지봉투 모양의 이모티콘이 나타나면 선택합니다.

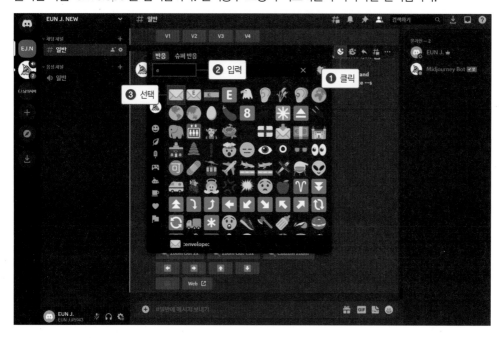

08 | 미드저니로부터 다이렉트 메시지를 받으면 seed 값을 찾아 복사합니다. 나만의 서버에서 이미지를 생성한 경우에는 왼쪽 서버 영역의 상단 '다이렉트 메시지' 아이콘을 클릭하면 seed 값 메시지를 확인할 수 있습니다.

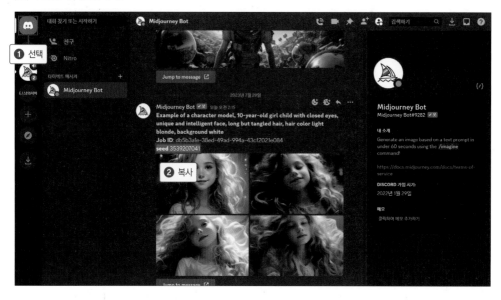

09 | 다시 작업하던 서버로 돌아옵니다. 미드저니에게 눈을 감고 있는 주인공의 모습을 학습시키기 위해 참고 이미지를 제공합니다. 눈을 감은 주인공의 이미지에서 마우스 오른쪽 버튼을 클릭하고 **이미지 링크 복사**를 실행하여 이미지 주소를 복사합니다.

10 | 눈을 감은 주인공 이미지를 반영하기 위해 /imagine prompt 입력창이 나타나면 주인공의 이미지 링크를 붙여넣습니다. ',(콤마)'를 삽입한 다음 '침대 위에 잠들어 있는 10살 소녀의 애니메이션 장면, 햇살이 들어오는 밝은 방, 침대 옆에 놓인 갈색 배낭'이라는 텍스트 프롬프트를 삽입한 다음 주인공의 seed 값과 '--ar 16:9' 파라미터를 삽입하고 Enter를 누릅니다.

[이미지 링크]+[텍스트 프롬프트]+[--seed --ar 파라미터]의 기본 문법 적용

/imagine prompt https://media.discordapp.net/attachments/1133746940354514944/1134545886307954709/ EUN_J._Example_of_a_character_model_10-year-old_girl_child_with_f9bbadff-ff7d-4ebb-93ae- 9d40a018ad8f.png?width=1082&height=1082(이미지 링크), Animated scene of a 10-year-old girl asleep on a bed, in a bright room with sunlight, a brown backpack next to her bed, top view(텍스트 프롬프트) --seed 3539207041(파라미터) --ar 16:9(파라미터)

11 | 잠시 후 이니셜 옵션(Initial Options)으로 구성된 4장의 눈을 감고 잠든 침대 위 장면을 확인할 수 있습니다. 눈을 감은 주인공의 캐릭터 이미지 링크가 반영되기 때문에 주인공의 스타일을 유지하며 표정만 바꿀 수 있었습니다.

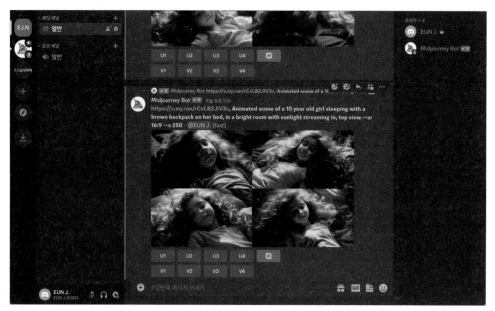

12 | 〔Redo(재생성)〕 버튼을 클릭하면, 같은 명령으로 이미지를 다시 생성하여 보여줍니다. 카메라 앵글이나 주인공의 표정, 배경 등의 변화를 확인할 수 있습니다.

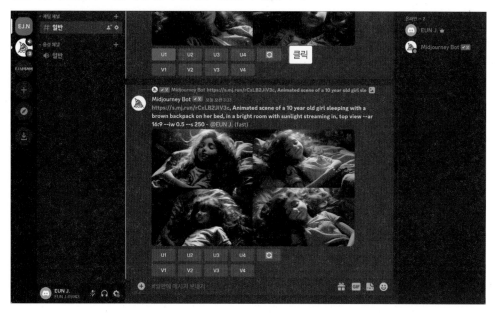

포토샵에서 스토리보드 형식에 각 장면 가져오기

01 | 포토샵에서 (File) → Open(Ctrl+O)을 실행한 다음 '스토리보드' 폴더에서 'Storyboard Template.eps' 파일을 불러옵니다. A4 크기의 스토리보드 형식이 표시됩니다.

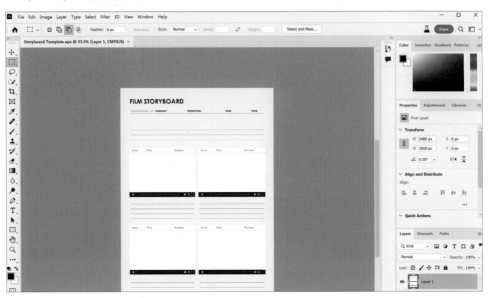

02 | 미드저니가 생성한 스토리보드 장면들을 삽입하기 위해 Tools 패널에서 프레임 도구(⊠)를 선택하거나 K를 누릅니다.

03 준비된 이미지가 삽입될 공간을 지정하기 위해 프레임 도구(⊠)로 그림과 같이 드래그합니다.

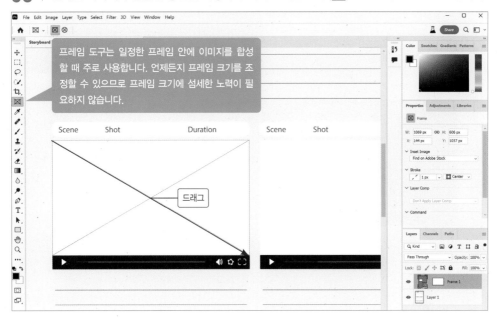

04 프레임에 이미지를 추가하기 위해 탐색기를 실행하고 '스토리보드' 폴더에서 'Storyboard_scene01.png' 파일을 선택한 다음 프레임으로 드래그합니다. 이때 (**File**) → **Add Embedded**를 실행하여 이미지를 불러올 수도 있습니다.

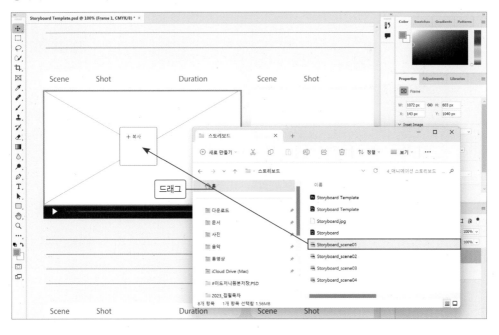

05 | 프레임 안으로 이미지가 들어가며, 그림과 같이 프레임에 맞게 크기가 조정됩니다. Layers 패널에는 프레임과 이미지가 결합된 프레임 레이어가 생성됩니다.

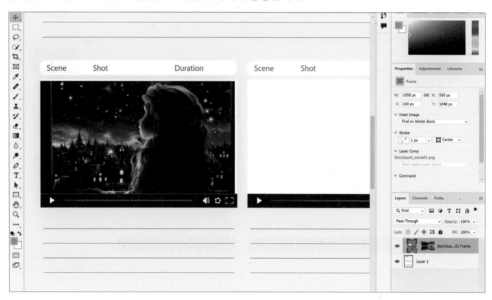

06 | 프레임과 내부 이미지의 크기를 한 번에 조정하기 위해 Layers 패널에서 이미지 레이어 섬네일과 마스크 레이어 섬네일이 모두 선택된 것을 확인합니다. **(Edit)** → **Free Transform**을 실행하거나 Ctrl+T를 눌러 모서리의 기준점을 드래그합니다.

Layers 패널에서 이미지 레이어 섬네일만 선택하면 실제 프레임에 영향을 주지 않고 프레임에서 이미지 크기만 조정됩니다. Layers 패널에서 마스크 레이어 섬네일만 클릭하면 프레임 크기만 변형시킬 수 있습니다.

07 │ (Contextual Task Bar)의 (Commit)을 클릭하거나 Enter를 누르면 변경이 완료됩니다.

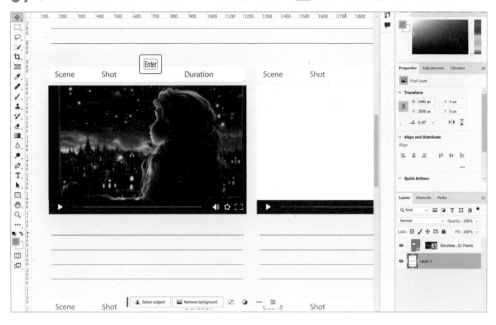

08 │ 같은 방법으로 스토리보드 장면 삽입을 반복합니다. 동일한 비율의 프레임을 사용해야 해서 첫 장면을 복제하여 사용하는 것이 효율적입니다. Tools 패널에서 이동 도구(✛)를 선택하고 첫 번째 장면을 선택한 다음 Alt를 누른 채 두 번째 프레임으로 드래그합니다.

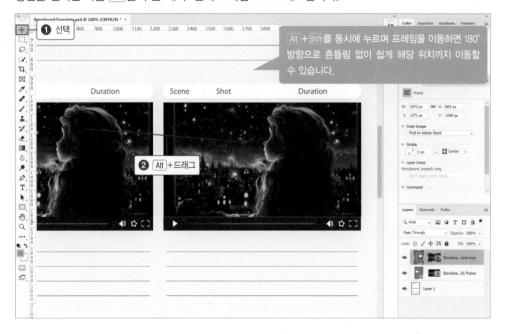

09 프레임에 이미지를 추가하기 위해 탐색기를 실행하고 '스토리보드' 폴더에서 'Storyboard_scene02.png' 파일을 선택한 다음 프레임으로 드래그합니다. 이때 (**File**) → **Add Embedded**를 실행하여 이미지를 불러들일 수도 있습니다.

10 프레임 안으로 그림과 같이 이미지가 들어가며 프레임에 맞게 크기가 조정됩니다. Layers 패널에는 프레임과 이미지가 결합된 프레임 레이어가 생성됩니다.

11 │ 두 개의 프레임을 복사하기 위해 이동 도구(⊕)로 Shift를 누르며 첫 번째, 두 번째 장면의 레이어를 동시에 선택합니다.

12 │ 그대로 Layers 패널 하단의 'Create a new layer' 아이콘(⊞)으로 드래그하면 복사본이 만들어집니다. 해당 이미지를 클릭하거나 키보드 방향키를 눌러 아래로 이동합니다.

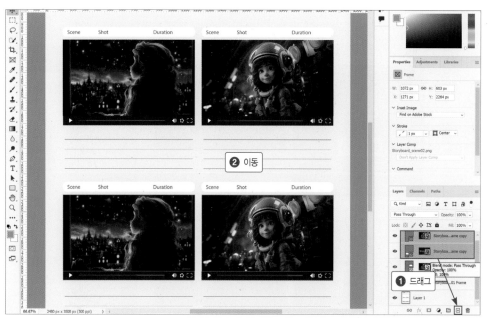

13 │ 프레임에 이미지를 추가하기 위해 탐색기를 실행하고 같은 방법으로 '스토리보드' 폴더에서 세 번째, 네 번째 장면 파일을 각 프레임으로 드래그하여 삽입합니다.

각 장면 스크립트 설명 삽입하기

01 │ 각 장면의 스크립트 텍스트를 삽입하기 위해 Tools 패널에서 문자 도구(T.)를 선택한 다음 텍스트가 삽입될 위치에 드래그합니다. 포토샵에서 임의의 텍스트를 채워줍니다.

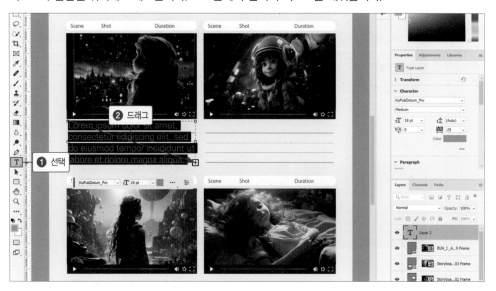

02 │ '주인공인 엘리는 호기심 가득한 어린이로, 우주 모험을 꿈꾸며 매일 밤 별을 바라본다.' 등의
장면 묘사 텍스트를 입력한 다음 드래그하여 전체 선택합니다. (Contextual Task Bar)에서 글꼴을
'KopubDotum_Pro', 글자 크기를 '10pt'로 설정합니다.

03 │ (Contextual Task Bar)의 오른쪽 'Properties' 아이콘을 클릭하면 Properties 패널이 표시
됩니다. Character 패널에서 행간을 '18pt', 자간을 '-25'로 설정합니다. (Contextual Task Bar)의
(Commit)을 클릭하면 변경이 완료됩니다.

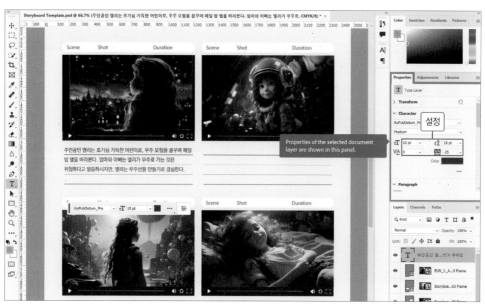

04 텍스트 레이어를 복사하기 위해 이동 도구(⊕)로 첫 번째 장면의 스크립트를 클릭한 다음 [Alt]를 누르며 다음 위치로 텍스트를 드래그하여 이동합니다.

05 '엘리는 비밀리에 우주선을 완성하고, 근처 별로 여행을 떠난다.' 등의 장면 묘사 텍스트를 입력합니다. (Contextual Task Bar)의 (Commit)을 클릭하면 변경이 완료됩니다.

06 │ 세 번째 장면의 스크립트 설명을 같은 방법으로 변경합니다.

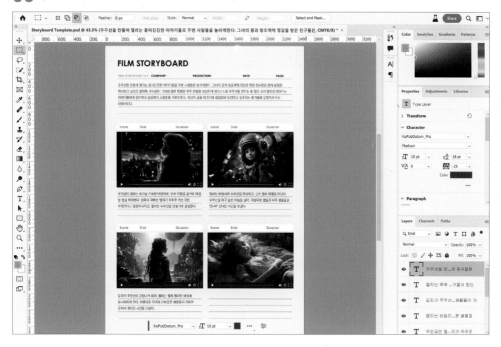

07 │ 네 번째 장면의 스크립트 설명을 같은 방법으로 삽입해 애니메이션 스토리보드를 완성합니다.

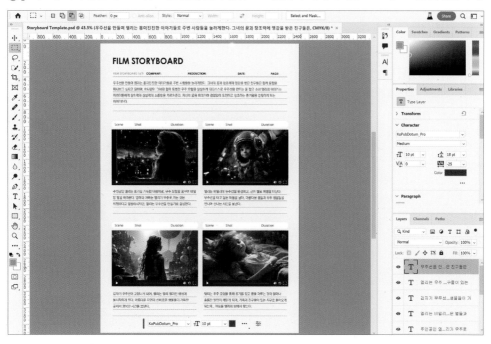

친환경 이미지의
화장품 웹 디자인 제작하기

미드저니가 생성하는 웹 디자인 페이지들은 주로 현대적인 감각의 스타일을 갖추고 있습니다. 풍부한 콘텐츠를 조화롭게 배치하여 사용자의 시선을 사로잡을 멋진 랜딩 페이지를 제작해 봅니다. 창의적인 미드저니의 웹 디자인들은 사용자들에게 흥미로운 경험을 선사할 수 있습니다. 디자인 요구사항과 목적에 맞게 시각적으로 매력적인 그래픽뿐만 아니라 직관적인 내비게이션, 타이포그래피, 그리고 색상까지 고려하여 이미지를 구성합니다.

미드저니의 웹 페이지 구현은 프롬프트를 통한 생성이기 때문에 완전한 상업적 콘텐츠 구현이 어렵습니다. 웹 디자인 도구와 프로그램, 호스팅 설정 및 프로그래밍 등의 과정을 거쳐 웹 페이지를 완성시켜야 상업적으로 활용할 수 있습니다. 최근에는 전문지식 없이도 웹 디자인을 간편하게 제작할 수 있는 프로그램들이 제공되고 있습니다. 미드저니와 포토샵을 목적에 맞게 유연하게 활용한다면 상상하는 웹 페이지를 빠르게 시각화하고 다양한 프로토타입으로 제작하여 선보일 수 있습니다. 인공지능이 생성한 웹 페이지 이미지에 브랜드 성격에 적합한 친환경적 이미지를 삽입하고, 로고와 메뉴 버튼 등을 적절히 조합하여 최종 결과물을 완성하겠습니다.

● 예제 및 완성 파일 : 웹 디자인 폴더

❶ 친환경 분위기의 화장품 웹 페이지 시안 생성하기

❷ 프롬프트 수정하여 16:9 비율의 웹 페이지 생성하기

❸ 참고 이미지 제공하여 세로형 웹 페이지 생성하기

❹ 비누와 돌 이미지 삽입하고 유리병에 라벨 삽입하기

❺ 상품 컷과 로고 삽입하기

❻ 상단 헤더 메뉴와 검색창, 서브 메뉴와 클릭 버튼 삽입하기

미드저니에서 친환경 분위기의 화장품 웹 페이지 시안 생성하기

01 | 미드저니를 사용하여 이미지를 생성하기 위해 디스코드에서 통용되는 명령어를 입력합니다. '/(슬래시)+명령어'를 이용해야 하는데, 입력창에 커서를 삽입한 다음 '/(슬래시)'만 삽입해도 자동 완성 팝업이 표시되기 때문에 손쉽게 이용할 수 있습니다.

02 | 이미지 추출을 명령하기 위해 /imagine prompt 입력창이 나타나면 커서가 깜빡거리는 위치에 다음의 프롬프트를 복사하여 붙여넣고 Enter를 누릅니다.

(텍스트 프롬프트(, 표현 방법으로 웹 사이트 지정)(, 분위기 설명))의 기본 문법 적용

/imagine prompt a modern website, eco-friendly cosmetics, Bright and simple background

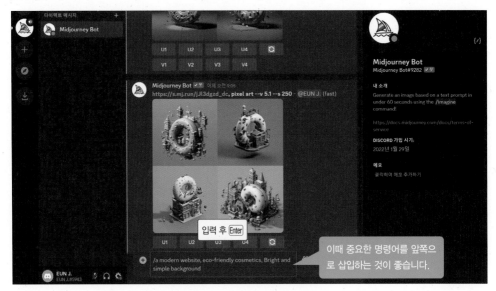

03 이미지가 생성되기까지 약간의 시간이 소요됩니다. 이니셜 옵션(Initial Options)으로 구성된 4장의 화장품 관련 이미지를 확인할 수 있습니다. 화장품과 친환경은 표현되었지만, 웹 디자인 형식에 맞지 않는 이미지가 추출된 것을 확인할 수 있습니다.

04 웹 디자인에 가까운 이미지를 추출하기 위해 'ui, ux, gui' 키워드를 프롬프트에 입력합니다. / imagine prompt 입력창이 나타나면 다음의 프롬프트를 복사하여 붙여넣고 [Enter]를 누릅니다.

(텍스트 프롬프트(, 표현 방법으로 웹 사이트 지정)(, 분위기 설명))의 기본 문법 적용

/imagine prompt a modern website, eco-friendly cosmetics, Bright and simple background, ui, ux, gui

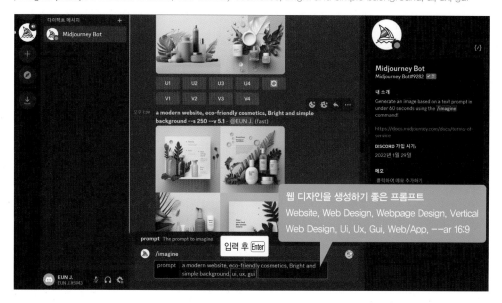

05 | 잠시 후 이니셜 옵션(Initial Options)으로 구성된 4장의 화장품 관련 이미지를 확인할 수 있습니다. 웹 사이트 헤더에 해당하는 위치에 로그인이나 메뉴 등의 내비게이션이 삽입되면서 이전 결과보다 웹 사이트 느낌에 더 가까운 이미지가 추출되었습니다. (V2) 버튼을 클릭합니다.

06 | 2번 이미지가 4가지 버전으로 추가 생성됩니다. 미세하게 레이아웃 위치 등을 다르게 보여줍니다.

추가 이미지를 확인하기 원한다면 원하는 컷의 (V(베리에이션, Variation)) 버튼을 클릭하여 다른 형태의 이미지를 요청할 수 있습니다.

07 | 미드저니를 사용하여 프롬프트 설정을 변경하기 위해 '/settings' 명령어를 입력합니다. 이때 '/(슬래시)+명령어'를 이용해야 하는데, 입력창에 커서를 위치한 다음 '/(슬래시)'만 입력해도 자동 완성 팝업이 표시되기 때문에 손쉽게 이용할 수 있습니다.

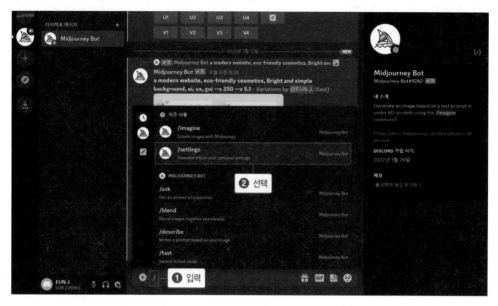

08 | 자주 사용할 프롬프트를 미리 저장하기 위해 /settings 입력창이 나타나면 Enter를 누릅니다. 다음과 같은 창이 표시됩니다.

09 | 웹 디자인에 충실한 이미지를 추출하기 위해 몇 가지 Settings 값을 다음과 같이 변경합니다. 여기서 가장 중요한 것은 미드저니의 버전으로, (MJ version 5.2)를 클릭합니다.

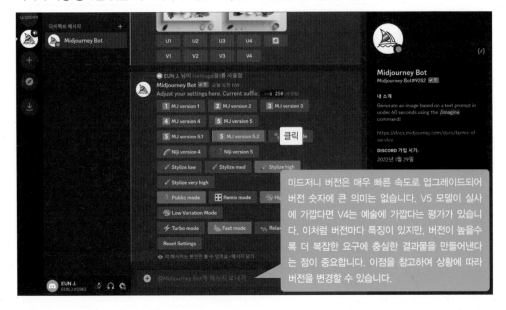

> 미드저니 버전은 매우 빠른 속도로 업그레이드되어 버전 숫자에 큰 의미는 없습니다. V5 모델이 실사에 가깝다면 V4는 예술에 가깝다는 평가가 있습니다. 이처럼 버전마다 특징이 있지만, 버전이 높을수록 더 복잡한 요구에 충실한 결과물을 만들어낸다는 점이 중요합니다. 이점을 참고하여 상황에 따라 버전을 변경할 수 있습니다.

10 | 새로운 버전에서 이미지 추출을 명령하기 위해 /imagine prompt 입력창이 나타나면 다음의 프롬프트를 복사하여 붙여넣고 Enter를 누릅니다.
(텍스트 프롬프트(, 표현 방법으로 웹 사이트 지정)(, 분위기 설명))의 기본 문법 적용

/imagine prompt a modern website, eco-friendly cosmetics, Bright and simple background, ui, ux, gui

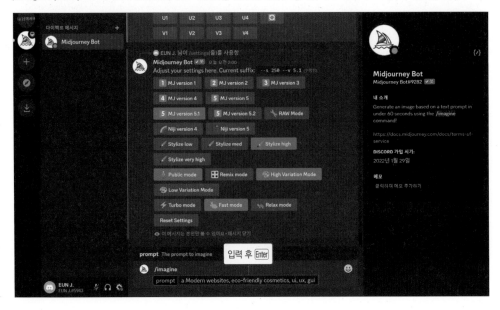

11 | 미드저니 버전 변경 전에 요청했던 프롬프트와 같은 내용이지만, 웹 디자인 형식에 더욱 충실한 결과물을 생성합니다. (U4(업스케일, Upscale)) 버튼을 클릭합니다.

12 | 4번 이미지의 1,024×1,024픽셀 버전이 생성됩니다. 해당 이미지를 클릭하면 화면 위에 크게 나타납니다. '브라우저 열기'를 클릭하면 새 탭에서 고해상도 이미지를 확인할 수 있습니다. 이미지에서 마우스 오른쪽 버튼을 클릭한 다음 **다른 이름으로 사진 저장**을 실행하여 저장도 가능합니다.

프롬프트 수정하여 16:9 비율의 웹 페이지 생성하기

01 │ 화면 비율을 변경하기 위해서 프롬프트 뒤에 '--aspect'나 '--ar'이라는 파라미터를 추가합니다. /imagine prompt 입력창이 나타나면 커서가 깜빡거리는 위치에 다음의 프롬프트를 복사하여 붙여넣고 Enter를 누릅니다.

(텍스트 프롬프트(, 표현 방법)(, 분위기 설명))+(--ar 파라미터)의 기본 문법 적용

/imagine prompt

a modern website, eco-friendly cosmetics, Bright and simple background, ui, ux, gui --ar 16:9

02 │ 잠시 후 이니셜 옵션(Initial Options)으로 구성된 4장의 16:9 비율 이미지를 확인할 수 있습니다. 16:9 비율의 이미지를 생성하라는 명령에 충실하지만 일부 이미지는 웹 디자인 형식에 벗어난 결과를 보입니다.

03 3번의 결과 중 웹 디자인 형식에 가장 충실한 (U1(업스케일, Upscale)) 버튼을 클릭하여 1번 이미지의 1,456×816픽셀 버전을 추출합니다. 더 확실한 변화를 확인하고 싶다면 (Vary (Strong)) 버튼을 클릭합니다.

04 더욱 세밀하고 풍부한 밀도를 가진 다양한 종류의 이미지들을 생성합니다.

참고 이미지 제공하여 세로형 웹 페이지 생성하기

01 | 이미지 추출을 명령하기 위해 /imagine prompt 입력창이 나타나면 다음의 프롬프트를 복사하여 붙여넣고 [Enter]를 누릅니다. 세로형 웹 페이지라는 키워드를 강조합니다.
(텍스트 프롬프트(, 표현 방법으로 세로형 웹 페이지 지정)(, 분위기 설명))의 기본 문법 적용
/imagine prompt a Modern Vertical Brand Webpage, eco-friendly cosmetics, ui, ux, gui

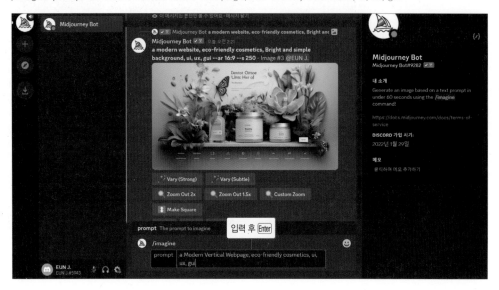

02 | 잠시 후 이니셜 옵션(Initial Options)으로 구성된 4장의 화장품 관련 웹 페이지 이미지를 확인할 수 있습니다. 화장품과 친환경은 세로형 웹 페이지를 표현하려는 시도는 있었지만, 시안으로 활용하려면 많은 수정이 필요한 이미지가 추출되었습니다.

03 │ 미드저니에 세로형 웹 페이지의 그리드를 학습시키기 위해 참고 이미지를 업로드합니다. '+' 아이콘을 클릭한 다음 **파일 업로드**를 실행합니다.

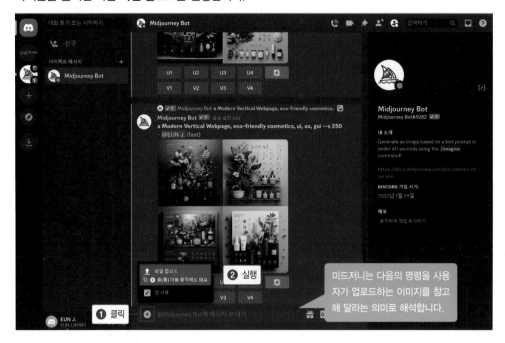

04 │ 열기 대화상자가 표시되면 '웹 디자인' 폴더에서 'Web Grid Kit.jpeg' 파일을 선택하고 (열기) 버튼을 클릭합니다.

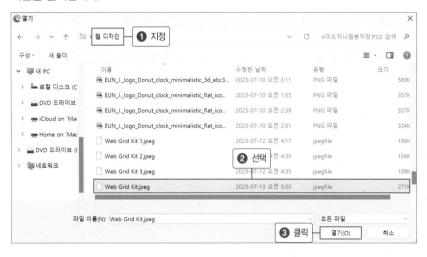

05 | 메시지 바에 선택한 이미지가 작게 보이면 Enter를 누릅니다. 게시판에 이미지가 업로드되면 해당 이미지를 클릭합니다.

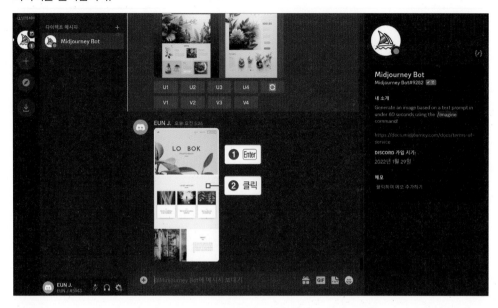

06 | 크게 나타난 이미지에서 마우스 오른쪽 버튼을 클릭하고 **이미지 링크 복사**를 실행해 이미지 링크를 복사할 수 있습니다.

07 | 업로드된 이미지를 참고하여 만들어진 웹 페이지를 생성하기 위해 /imagine prompt 입력창이 나타나면 먼저 복사된 이미지 링크를 붙여넣습니다.

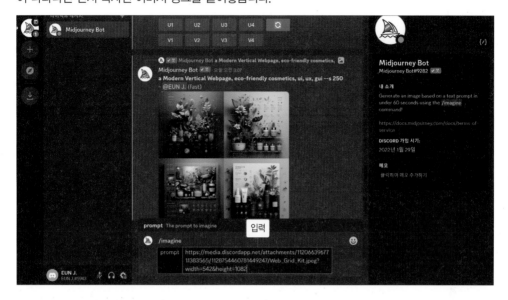

08 | 이미지 링크 뒤에 ',(콤마)'를 삽입한 다음 01번 과정에서 사용한 프롬프트를 그대로 복사하여 붙여넣고 Enter 를 누릅니다.

(이미지 링크)+(텍스트 프롬프트)의 기본 문법 적용

/imagine prompt https://media.discordapp.net/attachments/1120663967711383565/1128784549887873034/Web_Grid_Kit.jpeg?width=542&height=1082(이미지 링크), a Modern Vertical Brand Webpage, eco-friendly cosmetics, ui, ux, gui(텍스트 프롬프트)

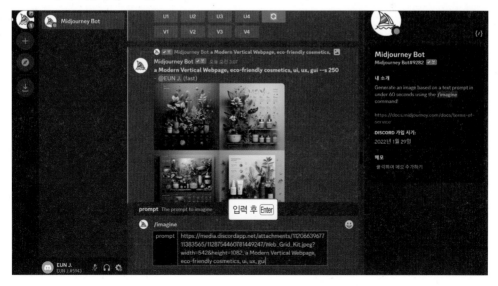

09 │ 잠시 후 이니셜 옵션(Initial Options)으로 구성된 4장의 세로형 웹 디자인 이미지를 확인할 수 있습니다. 'Vertical Brand Webpage'라는 텍스트 프롬프트만 추가하여 명령했을 때와 비교하면 참고 자료를 제시한 결과가 웹 페이지 형식에 더 충실합니다.

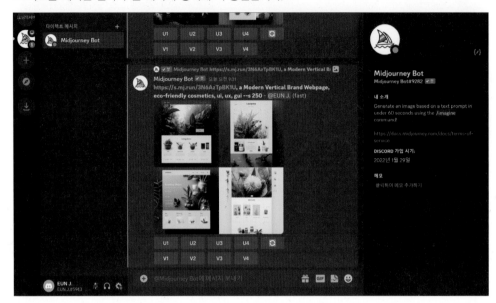

10 │ 친환경 화장품이라는 컨셉에 비교적 창의적인 아이디어를 제시하는 3번의 고해상도 이미지를 추출하기 위해 〔U3(업스케일, Upscale)〕 버튼을 클릭하여 1,024×1,024픽셀 버전을 생성합니다.

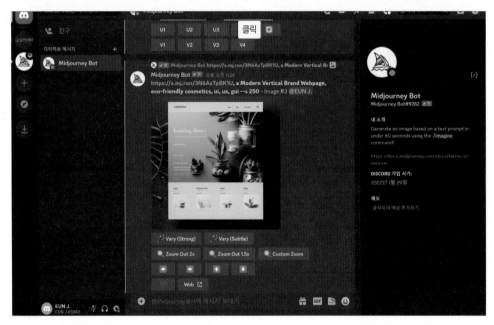

11 │ 수직으로 이미지를 확장하여 긴 웹 페이지를 만들기 위해 (다운로드(↓)) 버튼을 클릭합니다.

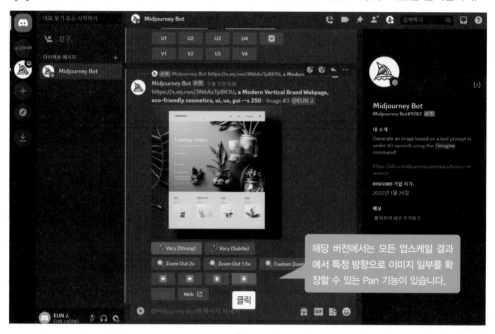

12 │ 캔버스 경계 너머로 이미지가 길어지는 것을 확인할 수 있습니다. 생성된 이미지 해상도 또한 함께 높아집니다.

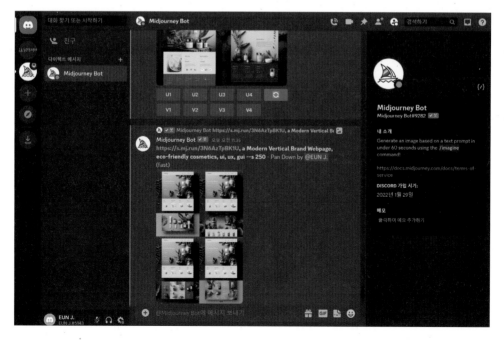

13 │ 고해상도 이미지를 출력하기 위해 〔U4(업스케일, Upscale)〕 버튼을 클릭하여 4번 이미지의 1,024×1,536픽셀 버전을 생성하였습니다.

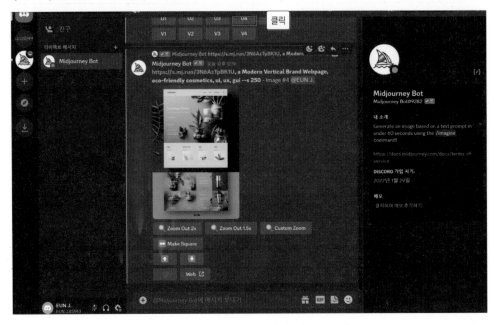

14 │ 이미지에서 마우스 오른쪽 버튼을 클릭하고 **브라우저로 열기**를 실행하면 새로운 탭에서 예상되는 웹 페이지의 모습을 확대하여 예측할 수 있습니다.

포토샵에서 불필요한 텍스트 삭제하기

01 │ 포토샵에서 (File) → **Open**을 실행한 다음 '웹 디자인' 폴더에서 'Cosmetics.png' 파일을 불러옵니다. 미드저니에서 생성한 친환경 화장품 웹 페이지 이미지가 표시됩니다. 이미지 하단에 (Contextual Task Bar)가 나타납니다.

02 │ 삭제할 영역을 선택 영역으로 지정하기 위해 Tools 패널에서 올가미 도구(⌀)를 선택한 다음 미드저니가 생성한 텍스트가 포함되도록 그림과 같이 드래그합니다.

03 │ (Contextual Task Bar)의 (Generative Fill)을 클릭하고 프롬프트 창을 비워둔 채로 (Generate)를 클릭하거나 Enter를 누릅니다.

클릭

상황에 따라 위치와 형태가 바뀌는 (Contextual Task Bar)가 가까이 위치하는 것을 확인할 수 있습니다.

04 │ 텍스트가 있던 선택 영역이 그림과 같이 자연스럽게 배경색으로 채워집니다.

05 | 같은 방법으로 텍스트를 삭제하겠습니다. 올가미 도구(◯)가 선택된 상태에서 미드저니에서 생성한 텍스트가 포함되도록 드래그하면 그림과 같이 점선 형태의 선택 영역이 표시됩니다.

06 | 선택 영역을 배경색으로 채우기 위해 (Contextual Task Bar)에서 (Generative Fill)을 클릭합니다. 프롬프트 창을 비워둔 채 (Generate)를 클릭하면 그림과 같이 텍스트가 있던 선택 영역이 자연스럽게 배경색으로 채워집니다.

알아두기 | 복잡한 배경의 이미지 일부 삭제하기

복잡하지 않은 배경이라면 한 번에 선택하여 삭제해도 충분히 적용되지만, 배경이 복잡하다면 조금씩 나눠서 선택하여 진행할 때 결과가 좋습니다. 기존 포토샵에서 사용했던 방법과 결과를 비교하기 위해 스팟 힐링 브러시 도구(◢)를 이용하여 텍스트를 삭제해 보았습니다. 나뭇잎의 픽셀이 깨지는 현상을 확인할 수 있습니다. 포토샵 AI가 복잡한 배경도 자연스럽게 그려낸다는 점에서 확실한 차이를 보입니다.

07 | 같은 방법으로 다시 한 번 텍스트를 삭제하겠습니다. 긴 영역을 쉽게 선택하기 위해 사각형 선택 도구(▭)를 선택한 다음 Shift 를 누른 채로 불필요한 영역을 드래그하여 선택합니다.

08 | 선택 영역을 배경색으로 채우기 위해 (Contextual Task Bar)에서 (Generative Fill)을 클릭하고 프롬프트 창을 비워둔 채로 (Generate)를 클릭합니다. 그림과 같이 텍스트가 있던 선택 영역이 자연스럽게 배경색으로 채워진 것을 확인할 수 있습니다.

09 │ 같은 방법으로 상단 헤더 부분의 텍스트를 삭제하겠습니다. 긴 영역을 쉽게 선택하기 위해 사각형 선택 도구(▥)로 불필요한 영역을 드래그하여 선택합니다. 그림과 같이 점선 형태의 선택 영역이 표시된 것을 확인할 수 있습니다.

10 │ 선택 영역을 배경색으로 채우기 위해 (Contextual Task Bar)에서 (Generative Fill)을 클릭하고 프롬프트 창을 비워둔 채로 (Generate)를 클릭하면, 그림과 같이 텍스트가 있던 선택 영역이 자연스럽게 배경색으로 채워진 것을 확인할 수 있습니다.

비누와 돌 이미지 삽입하여 공간 채우기

01 | 메인 이미지 여백에 비누 이미지를 삽입하겠습니다. 삽입될 영역을 지정하기 위해 Tools 패널에서 올가미 도구(￼)를 선택한 다음 그림과 같이 비누 이미지가 삽입될 공간을 드래그합니다.

02 | (Contextual Task Bar)의 (Generative Fill)을 클릭하여 프롬프트 창을 표시합니다. 비누 이미지를 삽입하기 위해 'Soap'를 입력한 다음 Enter를 누릅니다. 그림과 같이 선택 영역에 비누 이미지가 채워진 것을 확인할 수 있습니다.

03 메인 이미지의 어색한 공간에 돌 이미지를 삽입하겠습니다. 삽입될 영역을 지정하기 위해 올가미 도구(⌀)로 돌 이미지가 삽입될 공간을 그림과 같이 드래그합니다.

04 (Contextual Task Bar)의 (Generative Fill)을 클릭하여 프롬프트 창을 표시합니다. 돌 이미지를 삽입하기 위해 'Stone'을 입력한 다음 Enter를 누릅니다.

05 | 선택 영역에 그림과 같이 돌 이미지가 채워진 것을 확인할 수 있습니다.

빈 유리병에 라벨 이미지 삽입하기

01 | 이번에는 빈 유리병에 라벨 이미지를 삽입하겠습니다. 삽입될 영역을 지정하기 위해 올가미 도구(◯)를 선택한 다음 라벨 이미지가 삽입될 유리병 앞면을 드래그하여 선택 영역으로 지정합니다.

02 | (Contextual Task Bar)의 (Generative Fill)을 클릭하여 프롬프트 창을 표시합니다. 라벨 이미지를 삽입하기 위해 'Cosmetic package label'을 입력한 다음 Enter를 누릅니다.

03 | 선택 영역에 그림과 같이 라벨 이미지가 채워진 것을 확인할 수 있습니다.

프레임 만들어 주요 상품 컷과 로고 삽입하기

01 | 준비된 화장품 이미지를 삽입하겠습니다. 시안으로 사용될 웹 디자인에도 반드시 노출되어야 하는 상품 컷이 정해진 경우가 있습니다. Tools 패널에서 프레임 도구(⊠)를 선택하거나 K를 누릅니다.

02 | 준비된 이미지가 삽입될 공간을 선택하기 위해 프레임 도구가 선택된 상태에서 드래그하면 그림과 같이 프레임이 생깁니다.

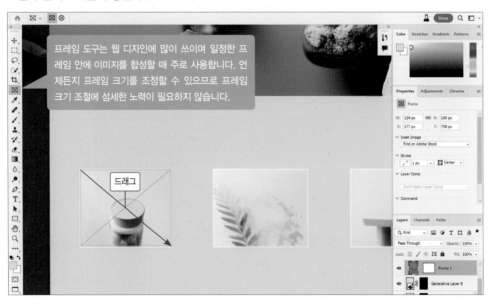

03 | 프레임에 이미지를 추가하기 위해 탐색기에서 '웹 디자인' 폴더의 'Cosmatic_small 02.jpg' 파일을 선택한 다음 프레임으로 드래그합니다.

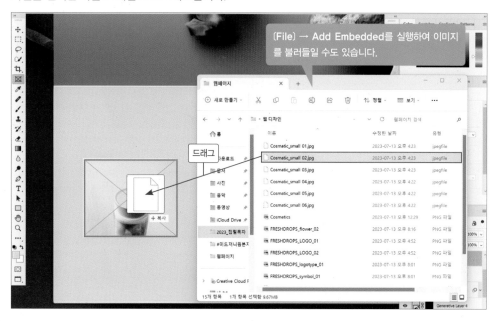

04 | 프레임 안에 그림과 같이 이미지가 들어가는 것을 확인할 수 있습니다. 프레임에 맞게 크기가 조정됩니다. Layers 패널에는 프레임과 이미지가 결합된 프레임 레이어가 생성됩니다.

05 │ 프레임 내부 이미지 크기만 변형하기 위해 Layers 패널에서 이미지 레이어 섬네일이 선택된 것을 확인합니다. (**Edit**) → **Free Transform**을 실행하거나 Ctrl+T를 눌러 모서리의 기준점을 드래 그하면 조정할 수 있습니다.

06 │ (Contextual Task Bar)의 (Commit)을 클릭하거나 Enter를 누르면 변경이 완료됩니다. 같은 방법으로 두 번째 프레임을 드래그하여 만듭니다.

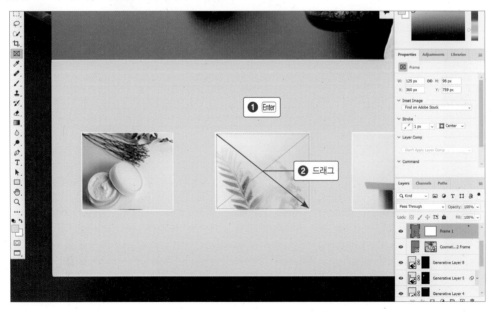

07 │ 같은 방법으로 프레임 추가와 상품 이미지 삽입을 반복합니다.

이미지 추가

Layers 패널에 이미지 콘텐츠 미리 보기와 마스크 미리 보기가 결합된 4개의 프레임 레이어가 생겨 언제든지 이미지와 프레임을 각각 수정할 수 있습니다.

08 │ 브랜드 로고를 메인 화면에 삽입하기 위해 (File) → Place Embedded를 실행합니다.

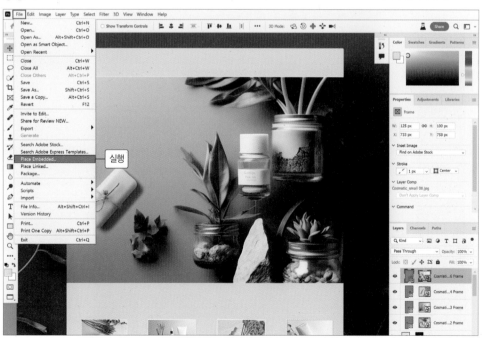

실행

09 | Place Embedded 대화상자가 표시되면 '웹 디자인' 폴더에서 'FRESHDROPS_flower_02. png' 파일을 불러옵니다.

10 | 이미지 모서리의 기준점을 드래그하여 크기와 위치를 조정한 다음 (Contextual Task Bar)의 (Commit)을 클릭하거나 Enter를 누르면 변경이 완료됩니다.

11 | 웹 페이지 헤더 영역에 심볼을 삽입하기 위해 같은 방법으로 (**File**) → **Place Embedded**를 실행하고 '웹 디자인' 폴더에서 'FRESHDROPS_symbol_01.png' 파일을 불러옵니다.

12 | 이미지 모서리의 기준점을 드래그하여 크기와 위치를 조정한 다음 (Contextual Task Bar)의 (Commit)을 클릭하거나 Enter를 누르면 변경이 완료됩니다. 'FRESHDROPS_logotype_01.png'의 로고 타입도 같은 방법으로 불러옵니다.

웹 페이지 상단에 내비게이션 메뉴 삽입하기

01 | 웹 페이지의 상단에 텍스트를 삽입하기 위해 Tools 패널에서 문자 도구(T.)를 선택한 다음 이미지 상단을 클릭하면 임의의 텍스트가 채워집니다.

02 | 'Skin Care / Body / Hand / Hair / Fragrance / Stores'를 입력한 다음 드래그하여 전체 선택합니다.

03 | (Contextual Task Bar)에서 글꼴을 'Roboto', 글자 크기를 '14pt'로 설정합니다. (Contextual Task Bar)의 (Commit)을 클릭하면 변경이 완료됩니다.

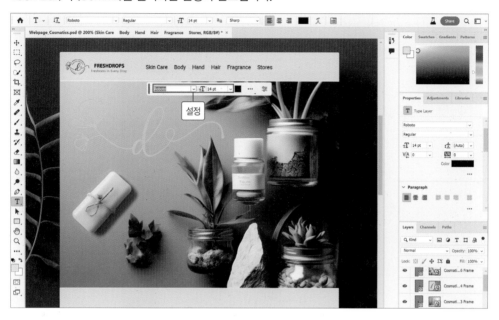

04 | 헤더 위치에 검색창 이미지를 삽입하겠습니다. 삽입될 영역을 지정하기 위해 Tools 패널에서 사각형 선택 도구(▦)를 선택하고 검색창 위치를 드래그합니다. (Contextual Task Bar)의 (Generative Fill)을 클릭합니다.

05 │ 단순한 검색창 이미지를 삽입하기 위해 프롬프트 창에 'Web search bar with simple design'을 입력한 다음 Enter 를 누릅니다.

06 │ 선택 영역에 그림과 같이 검색창 이미지가 채워진 것을 확인할 수 있습니다.

07 │ 〔Edit〕 → Free Transform을 실행하거나 Ctrl+T를 눌러 바운딩 박스가 생성되면 크기를 조정한 다음 Enter를 누릅니다.

08 │ Tools 패널에서 문자 도구(T.)를 선택하고 프레임에 추가한 이미지들 위에 클릭하여 텍스트를 추가합니다.

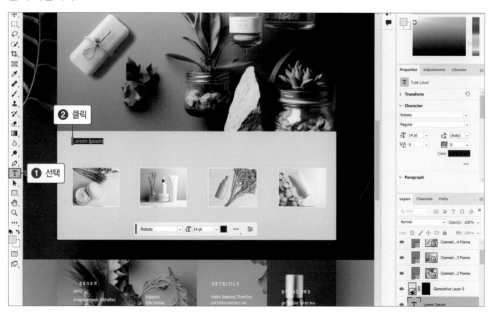

09 | 'Seasonal / Suggestions / Pre and post sun care'를 입력하고 (Contextual Task Bar)에서 글꼴을 'Roboto', 글자 크기를 '12pt'로 설정한 다음 (Commit)을 클릭하면 변경이 완료됩니다.

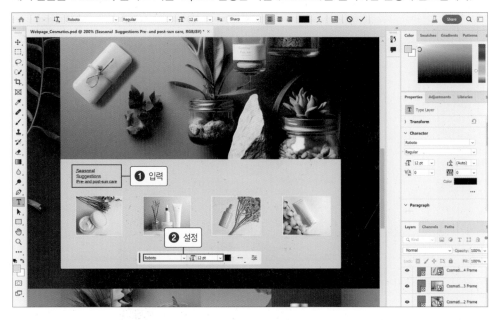

10 | 같은 방법으로 사각형 선택 도구(▦)를 선택한 다음 클릭 버튼 위치를 드래그합니다. (Contextual Task Bar)의 (Generative Fill)을 클릭하여 프롬프트 창을 표시하고 'Click button with simple design'을 입력한 다음 Enter를 누릅니다.

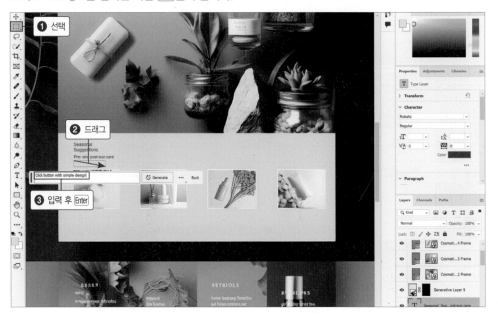

11 │ 선택 영역에 그림과 같이 클릭 버튼 이미지가 채워진 것을 확인할 수 있습니다.

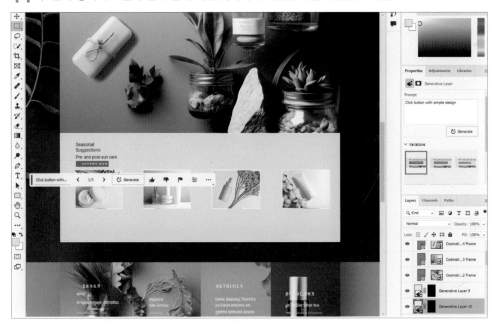

12 │ 텍스트와 클릭 버튼을 복사하기 위해 Layers 패널에서 Shift를 누른 채 두 개의 레이어를 동시에 선택합니다. Tools 패널에서 이동 도구(⊕)를 선택한 다음 Alt를 누르며 드래그하여 옆으로 이동합니다. 이 과정을 반복해 그림과 같이 복사/이동해서 웹 디자인을 완료합니다.

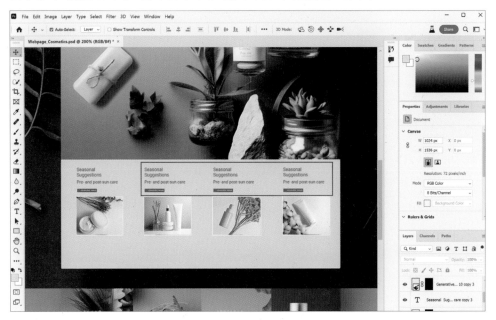

찾아보기

Foreign Copyright:
Joonwon Lee   Mobile: 82-10-4624-6629
Address: 3F, 127, Yanghwa-ro, Mapo-gu, Seoul, Republic of Korea
          3rd Floor
Telephone: 82-2-3142-4151
E-mail: jwlee@cyber.co.kr

AI 포토샵 테크닉

2023. 8. 21. 초 판 1쇄 인쇄
2023. 8. 30. 초 판 1쇄 발행

지은이 | 유은진, 이미정, 앤미디어
펴낸이 | 이종춘
펴낸곳 | **BM** ㈜도서출판 **성안당**

주소 | 04032 서울시 마포구 양화로 127 첨단빌딩 3층(출판기획 R&D 센터)
     | 10881 경기도 파주시 문발로 112 파주 출판 문화도시(제작 및 물류)

전화 | 02) 3142-0036
     | 031) 950-6300
팩스 | 031) 955-0510
등록 | 1973. 2. 1. 제406-2005-000046호
출판사 홈페이지 | www.cyber.co.kr
ISBN | 978-89-315-5933-0 (13000)
정가 | 24,300원

이 책을 만든 사람들
책임 | 최옥현
진행 | 김상민
기획 · 진행 | 앤미디어
교정 · 교열 | 앤미디어
본문 디자인 | 앤미디어
표지 디자인 | 앤미디어
홍보 | 김계향, 유미나, 정단비, 김주승
국제부 | 이선민, 조혜란
마케팅 | 구본철, 차정욱, 오영일, 나진호, 강호묵
마케팅 지원 | 장상범
제작 | 김유석

■ 도서 A/S 안내

성안당에서 발행하는 모든 도서는 저자와 출판사, 그리고 독자가 함께 만들어 나갑니다.
좋은 책을 펴내기 위해 많은 노력을 기울이고 있습니다. 혹시라도 내용상의 오류나 오탈자 등이
발견되면 **"좋은 책은 나라의 보배"**로서 우리 모두가 함께 만들어 간다는 마음으로 연락주시기
바랍니다. 수정 보완하여 더 나은 책이 되도록 최선을 다하겠습니다.
성안당은 늘 독자 여러분들의 소중한 의견을 기다리고 있습니다. 좋은 의견을 보내주시는 분께는
성안당 쇼핑몰의 포인트(3,000포인트)를 적립해 드립니다.

잘못 만들어진 책이나 부록 등이 파손된 경우에는 교환해 드립니다.